KB185896

FTO 분석

IP 리스크 방지를 위한 핵심 전략

안주현

박영사

저자 서문

제가 특허 업계에 종사한 지 벌써 20년이 넘었습니다. 초기에는 주로 특허 출원 명세서 작성과 특허청의 OA(Office Action) 대응을 담당했으며, 가끔 무효심판을 위한 증거자료 조사를 수행하기도 했습니다. 그 당시에는 특허 데이터베이스가 지금처럼 발전하지 않아 도서관에 직접 가서 무효 자료를 찾던 기억이 납니다.

2012년경 특별한 특허 조사를 맡게 되었는데, 기존에 수행하던 특허 조사와는 달리 '생산 준비 중인 제품이 시장에 출시될 경우 특허 침해 문제가 발생할 가능성'을 판단하는 조사였습니다. 이전의 특허 조사는 주로 출원 전 선행조사나 특허 유효성 조사에 국한되었기 때문에, 그러한 조사는 저에게 도전적인 과제였습니다.

당시 'FTO(Freedom to Operate)'라는 용어가 널리 사용되었는지는 확실하지 않지만, 어떻게 조사해야 할지에 대한 불안감이 컸습니다. 여러 어려움을 극복하며 간신히 보고서를 작성했던 기억이 납니다.

이후 유사한 건들을 추가로 맡게 되었으나, 당시에는 그런 종류의 특허 조사를 수행하는 방법이 제대로 확립되지 않아 결과가 만족스럽지 않았습니다. 특허 조사 서비스 유형이 확립되지 않아 작업 방향이 자주 잘못 설정되었고, 고객과의 의견 조율도 원활하지 않았습니다. 특히, 특허 동향 조사와 FTO 분석이 자주 혼동되어 문제가 되기도 했습니다. 고객의 불만이 극에 달할 무렵, 열정적인 동료 변리사와 함께 서비스의 문제점을 파악하고 개선을 위한 연구를 시작했습니다. 제약이론(TOC; Theory of Constraints)을 이용해 두 달간 심도 있는 분석을 진행한 결과, 특허 조사의 기틀을 마련할 수 있었습니다.

그 후에도 간헐적으로 특허 조사를 수행하던 중, 약 5년 전 대규모 특허 조사 건을 맡게 되었습니다. 다행히 이 경험을 통해 유사한 특허 조사 업무를 추가로 진행할 수 있었고, 이를 바탕으로 특허 동향 조사와 FTO 분석 방법을 더 세분화하고 개선할 수 있었습니다.

이 책은 제가 알기로 FTO 분석의 세부 방법을 다룬 최초의 저작입니다. 책을 집필하기 전에 국내외의 기존 FTO 관련 서적과 자료들을 조사했으나, 대부분은 특정 산업군에 한정된 분석이나 개괄적인 설명에 그친 경우가 많았습니다. 이에 비해 이 책은 FTO 분석의 세부 방법을 구체적으로 다룬 유일한 문헌이라 할 수 있습니다.

이와 같은 FTO 분석에서 AI 기술은 중요한 역할을 할 수 있습니다. AI 기술이 FTO 분석에 본격적으로 적용된다면, 의사 결정 속도가 빨라지고 제품 개발과 기술 개발이 더욱 가속화될 것입니다.

이 책을 집필하는 과정에서 많은 조사를 했으나, 저자의 경험 부족으로 일부 내용에 오류나 미흡한 부분이 있을 수 있습니다. 너그러이 이해해 주시기를 부탁드리며, 지적해 주시면 적극적으로 보완하겠습니다.

이 책이 독자들에게 작은 도움이 되기를 바랍니다.

끝으로, 이 책의 기틀을 마련하는 데 큰 도움을 주신 서용호 변리사님께 깊은 감사의 말씀을 전합니다.

2025년 1월
안주현

본 저작물의 AI 학습에 대한 제한 선언문 ———

    본 저작물(이하 "저작물")은 저자 또는 저작권자가 명시적으로 허용하지 않은 경우, 인공지능(AI) 시스템에 의해 어떠한 방식으로든 학습되거나 사용될 수 없습니다. 이 저작물은 저작권법에 의해 보호되며, 저자는 본 저작물의 무단 복제, 전송, 변형 또는 디지털화를 포함한 모든 형태의 AI 학습을 허락하지 않습니다. 따라서, AI 기술 및 모델의 학습 목적으로 본 저작물의 내용을 사용하거나 전송하려는 경우, 반드시 저자 또는 저작권자의 사전 서면 동의를 받아야 합니다.

안주현 변리사는 현재 국내의 특허법인에서 변리사로 재직 중입니다. 기계 공학 학사 및 석사 과정을 마친 후 한국 변리사 자격을 취득한 그는, 20년 동안 특허출원, 심판, 소송 등 다양한 특허 업무를 수행하면서 특허 조사에 집중해 왔습니다. 선행기술조사, 특허 무효 조사, 특허 동향 조사, 특허맵, FTO 조사 등 여러 특허 조사 분야에서 풍부한 경험을 쌓았으며, 이 과정에서 특허 조사 방법을 개선하고 새로운 프로세스를 개발하여 정확성과 효율성을 높였습니다.

　　또한 그는 기업 연구 개발, 기업 간 분쟁, 기업 투자 및 인수 합병 과정에서 필요한 자문과 특허 조사를 수행하여, 기업들이 전략적 결정을 내리는 데 중요한 역할을 해왔습니다. 그는 이 책을 통해 FTO 분석 기법을 독자들에게 소개하고자 합니다.

차례

FTO 분석의 예시

FTO 분석의 미래: AI 활용

1장

FTO 분석이란 무엇인가?

- FTO 분석의 정의
- 특허 조사와 FTO 분석
- FTO 분석의 필요성
- 이 책에서의 기술, 발명, 대상물에 대한 정의
- FTO 분석은 어떤 경우에 수행되는가?

1.1   **FTO 분석의 정의**

FTO(Freedom to Operate) 분석은, 침해 조사(Infringement Search) 또는 클리어런 스 서치(Clearance Search)로도 알려져 있다.

WIPO의 웹사이트[1]에서는 FTO 분석에 대해 다음과 같이 설명하고 있다.

"A Freedom to Operate (FTO) analysis invariably begins by searching patent literature for issued or pending patents, and obtaining a legal opinion as to whether <u>a product, process or service</u> may be considered to infringe any patent(s) owned by others. Many private law or IP firms offer such analyses as part of their legal services to clients."(번역: FTO 분석은, 등록되었거나 출원 중인 특허에 대한 특허 문헌을 검색하는 것과, <u>제품, 프로세스 또는 서비스가</u> 타인이 소유한 특 허를 침해하는 것으로 여겨질 수 있는지에 대해 법적 의견을 얻는 것으로부터 시작된다. 많은 사법 또는 IP 로펌은 고객에게 법률 서비스의 일환으로 이러한 분석을 제공한다.)

즉, FTO 분석의 주된 작업은 '특허 문헌의 검색'과 '특허 침해 분석'으로 구 성되는데, FTO 분석을 통해 대상물(제품, 프로세스, 서비스 등)[2]의 실시가 검색된 타 인의 특허를 침해하는지를 평가하게 된다.

그렇다면 FTO 분석의 목적은 무엇인가? 그 명칭에서도 유추할 수 있듯이 사 업 진행에 있어서 특허 이슈에 의한 제약을 최소화하는 것이다.

FTO 분석을 통해 대상물의 실시가 검색된 타인의 특허권을 침해할 가능성 이 높다고 판단되는 경우, 사업 진행에 차질이 발생하지 않도록 사전에 다양한 대응 조치를 강구해야 한다. 이러한 조치는 사업 전략의 수립 및 실행 과정에

---

1   WIPO, "IP and Business: Launching a New Product: freedom to operate", WIPO Magazine, Issue 5/2005, 2005 September, 2024년 11월 2일 검색. https://www.wipo.int/wipo_magazine/en/2005/05/article_0006.html

2   이 책에서 '대상물'이란 용어는 특허 침해 분석의 대상이라는 의미로 사용되는데, 제품, 프로세스, 방법, 서비스 등에도 폭넓게 적용되는 개념으로 사용된다.

서 IP 리스크를 관리하고, 향후 발생할 수 있는 특허 분쟁을 예방하는 데 중요한 역할을 한다.

1.2 특허 조사와 FTO 분석

FTO 분석은 특허 조사의 한 종류로, 다른 유형의 특허 조사와 몇 가지 중요한 차이점이 있다. 본 장에서는 FTO 분석이 아닌 다른 유형의 특허 조사에 대해 간략히 설명한다.

특허 조사의 종류는 다양하며, FTO 분석 외에도 다음과 같은 주요 유형이 있다.

i) 특허 출원 전 선행 기술 조사(Prior art search)
연구 개발한 발명이 특허를 받을 수 있는지 조사하는 특허 조사로 신규 특허 출원을 하기 전에 수행된다.

ii) 특허 유효성 조사(Patent validity search)
특허 침해 이슈가 있거나 매입하려는 등록 특허의 유효성을 판단하기 위해 수행하는 특허 조사이다.

iii) 특허 동향 조사(Patent trend analysis)
관심 기술 분야나 경쟁사의 특허 출원 및 등록 동향을 정량적 및/또는 정성적으로 분석하는 특허 조사이다.

iv) 특허 서지 사항 조사(Patent bibliographic search)
관심 기술 분야의 주요 시장 경쟁자, 발명자, 대리인 등을 파악하기 위해 특허문헌의 서지 사항을 조사하는 특허 조사이다.

v) 특허맵(Patent map)

'특허맵'이란 일반적으로 특허 정보를 분석하고 그 동향 등을 시각화한 결과물을 의미한다.[3] 특허맵의 시초로는 1968년 일본특허청에서 발간한 '내일을 밝히는 특허'에서 제안된 기술동향으로 알려져 있는데, 한국에서는 1980년 중반부터 특허맵 기법을 활용한 특허 조사가 이루어지기 시작했다고 한다.

특허맵은 기술 동향, 출원인 동향 등을 파악하여 공백 기술이나 미래 기술 등을 파악하는 데 유용하며, 주로 도표 등의 형태로 특허 동향 등을 쉽게 이해할 수 있으므로 현재도 여러 기관에서 널리 활용되고 있다. 특허맵은 정량적 분석뿐만 아니라 정성적 분석도 포함할 수 있으며, 경우에 따라 특허 침해 여부에 대한 분석도 다룰 수 있다. '특허맵'이라는 용어는 특허 조사의 시각적 결과물의 세트라는 의미가 강하고, 그 용어 자체가 넓은 범주로 사용된다.

이외에도 다양한 목적을 위해 여러 유형의 특허 조사가 수행될 수 있다.

한편, FTO 분석은 앞서 설명한 바와 같이, 대상물의 실시를 목적으로 관련 특허 문헌을 검색하고 검색된 특허 문헌과의 비교를 통해 특허 침해 여부를 분석하는 특허 조사라는 점에서 다른 유형의 특허 조사와 차별화된다.

1.3   FTO 분석의 필요성

이하에서는 FTO 분석의 구체적인 필요성에 대해 설명한다.

사업을 진행하는 과정에서 타인의 특허를 침해하게 되면 특허권자나 전용실시권자는 침해의 금지 또는 예방을 청구할 수 있으며, 침해에 의한 손해의 배상

---

3 노성열 외, "기술로드맵 작성을 위한 특허분석방법론", 한국특허정보원, 2005, p.201.

도 청구할 수 있다. 이는 사업자가 자신의 특허를 보유하고 있더라도 그 보유한 특허보다 타인의 특허가 더 먼저 출원되었다면 동일하게 적용된다.

이러한 상황은 특허 제도의 본질적인 특성으로서, 사업자는 이러한 특허 침해 리스크를 항상 고려하여야 한다. 특히 사업 준비에 상당한 투자가 이루어지는 경우 특허 침해 이슈 때문에 사업이 중단된다면 막대한 재정적 부담과 투자자 소송 등 복잡한 분쟁이 발생하기도 한다.

즉, 개발한 기술을 보호받으려는 특허출원도 중요하지만 계획하는 사업이 타인의 특허에 의해 방해받지 않도록 하는 것도 중요하다.

이를 위해 사업에 영향을 미칠 수 있는 특허들을 검색하여 분석하는 FTO 분석을 수행함으로써, 해당 사업을 계속 진행할지 여부, 연구 개발의 방향을 변경할지 여부, 연구 개발 대신 라이선스를 통해 사업을 진행할지 여부 등 다양한 판단을 수월하게 내릴 수 있다.

특히 FTO 분석은 능동적으로 특허침해를 방지하는 활동이므로 나중에 고의 침해를 피할 수 있는 근거도 된다. 고의 침해는 민법상 손해배상액에 영향을 주고[4] 형법상 침해죄를 구성하는 요건이므로[5] FTO 분석을 통해 이러한 위험을 줄일 수 있다.

여기서 잠시 생각해 보자. 이 글을 읽는 사람이 기업의 특허 담당자라면, "왜 우리 회사는 지금까지 이렇게 중요한 FTO 분석을 하지 않았을까? 신제품 사업부에서는 이미 하고 있었던 걸까?"라는 의문이 들 수 있다.

사실 FTO 분석이라는 용어를 사용하지 않았을 뿐, 대부분 기업은 제품이나 서비스를 개발하는 과정에서 특허 침해를 방지하기 위한 분석을 수행해 왔다. 기업들은 경쟁사의 신기술 동향을 면밀히 살피고 있으며, 이에 따라 경쟁사의

---

4 특허법 제128조 제8항은 "법원은 타인의 특허권 또는 전용실시권을 침해한 행위가 고의적인 것으로 인정되는 경우에는 제1항에도 불구하고 제2항부터 제7항까지의 규정에 따라 손해로 인정된 금액의 5배를 넘지 아니하는 범위에서 배상액을 정할 수 있다. 〈신설 2019.1.8, 2024.2.20.〉"이다.
5 강명수, "특허침해죄와 고의 입증", 법학연구 55, no.3 (2014), p.163.

특허 취득 동향도 주의 깊게 점검한다. 또한, 자사의 연구 개발 과정에서 특허출원 전 선행기술조사를 통해 경쟁사 특허에 대한 정보를 수집하기도 한다. 일부 기업들은 새로운 기술을 개발하기 전에 특허맵 등을 활용하여 경쟁사의 특허 동향을 적극적으로 파악하기도 한다. 이러한 과정에서 얻은 특허정보는 자사의 제품 개발 시에 도움이 된다. 즉, 관련 업계의 특허를 미리 알고 있다면 연구 개발 시 해당 특허들을 참조하여 특허 침해 리스크를 줄일 수 있다.

결론적으로 많은 기업들은 FTO 분석이라는 용어를 사용하지 않더라도 자신이 관심 있는 분야의 특허 동향을 지속적으로 파악해 왔다. 특히 개발 예정이나 개발 중인 제품이 타인의 특허의 권리범위를 침해하지 않도록 주의하고 있다. 그러나 이러한 분석들은 본격적인 FTO 분석과 다소 차이가 있어 일부 중요한 사항이 누락될 가능성이 존재한다.

1.4   이 책에서의 기술, 발명, 대상물에 대한 정의

FTO 분석은, 대상물을 특정하고, 그렇게 특정된 대상물이 검색된 특허의 권리를 침해하는지의 판단이 중요하다. 이를 보다 쉽게 이해하기 위해 '기술', '발명', '대상물'에 대한 새로운 정의가 필요하다. 이러한 새로운 정의는 기존의 사전적 정의를 바탕으로 하되 저자가 설명을 위해 임의로 정한 내용으로서, 특별한 언급이 없는 한 이 책의 나머지 부분에서도 이러한 정의를 기준으로 설명한다.

1. 기술: 어떠한 목적을 달성하기 위해 이용하는 수단
2. 발명: 기술의 추상적인 관념으로서 특허 출원의 대상
3. 대상물: 적어도 하나의 기술이 구현된 제품, 방법, 공정, 서비스 등

'기술'이란 용어는 여러 뜻풀이를 가질 수 있다. 예를 들어 '태양광 기술'이

라는 용어는 '태양광과 관련된 일체의 기술'이란 의미로 사용되기도 하는데, 이 경우 기술의 개수는 너무 많아 셀 수가 없다. 그러나 이 책에서 '기술'이라는 용어는 '단일의 수단'이라는 의미로 사용될 것이다.

예를 들면, '면도기를 살균하기 위한 목적으로 복수 개의 자외선 광원이 면도기 수납부에 설치된 기술'은 '단일의 수단'으로 보고 1개의 기술로 가정한다. 물론 자외선 광원을 어떤 종류로 할 것인지, 광원 배치는 어떻게 할 것인지 등 해당 기술을 세분화하면 추가로 여러 개의 기술을 도출할 수도 있지만, 위의 '면도기를 살균하기 위한 목적으로 복수 개의 자외선 광원이 면도기 수납부에 설치된 기술'은 현재 시점에서 최대로 세부화한 것으로 가정하자.

이러한 1개의 기술은 1개의 발명에 대응할 수 있는데, 이 책에서 기술은 발명과 달리 고도하지 않아도 되고 완성되지 않아도 된다. 즉, 이 책에서 기술은 단순히 특허 문헌의 발명과의 비교를 위한 것이기에 한국 특허법 제2조 제1호의 발명 정의를 충족할 필요는 없다.

한편, FTO 분석의 '대상물'은 1개 이상의 기술을 포함하고 있으며 일반적으로는 여러 개의 기술이 포함되어 있다. 예를 들어 대상물이 '자동차의 서스펜션 시스템'이라고 하면 서스펜션 시스템을 이루는 스프링과 댐퍼에는 많은 개수의 기술들이 포함되어 있고, 프레임과 센서에도 많은 개수의 기술이 포함되어 있을 수 있다. 즉, 일반적으로 대상물은 많은 개수의 기술을 포함하고 있고, 그러한 기술들은 FTO 분석 시 각각 그에 대응하는 특허의 발명과 비교될 수 있다.[6]

FTO 분석은 특허 침해를 판단하기 위해 '대상물'의 기술들과 타인의 특허를 비교한다. 대상물의 특정 시에 대상물에 존재하는 기술들 중 일부는 직관적으로 알 수 있지만,[7] 대상물에 존재하는 모든 기술들을 알아내기는 어렵다. 즉, 대

---

6 후술하겠지만 자기가 보유하고 있는 특허를 실시한다는 가정하에 FTO 분석을 하는 경우가 있는데, 그 경우 대상물은 보유 특허의 발명이 되며 해당 발명은 단일의 기술에 대응될 수 있다. 물론 발명이 복수개의 청구항으로 이루어지거나 1군의 발명으로 이루어진 경우, 대응하는 기술도 복수개가 될 수 있다.

7 예를 들어 대상물 중 새로 개발한 기술들은 즉시 알 수 있다.

상물에 존재하는 기술들이 많이 드러나는 시점은 검색된 특허 문헌들에서 핵심 특허[8]를 선별하는 시점이다. 그 때는 조사된 특허 문헌들의 발명의 구성이 대상물에 존재하는지 검토함으로써 비로소 대상물의 세부 기술들이 본격적으로 드러나게 된다. 즉, 조사된 특허 문헌들의 내용과 비교하기 위해 대상물을 자세히 조사함으로써 대상물의 세부 구성을 알 수 있는데, 그와 관련된 사항은 후술하는 '대상물의 2차 특정'에서 자세히 설명한다.

한편, 특허 동향 조사의 경우에는 '대상물'이 있을 수도 있고, 없을 수도 있다.[9] 즉, 특허 동향 조사에는 대상물이 없더라도 관심 기술 분야만 정해지면 해당 관심 기술 분야의 동향을 조사할 수 있다.

일반적으로 연구 개발이 아직 시작되지 않아 제품이나 서비스의 콘셉트조차 없다면 '대상물'이 없다고 볼 수 있다. 이 경우 FTO 분석은 할 수 없지만 앞서 언급한 바와 같이 관심 기술 분야의 특허 동향 조사는 가능하다.[10] 예를 들어 양자 컴퓨터에 대해 연구 개발이 시작되지 않아 개발한 기술이 없어도 양자 컴퓨터 분야의 특허 동향을 조사할 수 있으며, 이 과정에서 얻은 중요 특허들을 분석함으로써 향후 회피 설계에 도움이 될 수 있다.

---

8 '핵심 특허'란 대상물이 침해할 가능성이 있는 중요 특허이다. 후술하겠지만 선별된 핵심 특허는 침해 가능성이 크기 때문에 회피설계의 기준이 될 수 있으며, 무효가 가능한지, 금반언에 의해 권리가 제한되는지, 선사용권의 대상이 되는지 등의 권리 제한 사유도 검토하게 된다.

9 물론 대상물이 있는 경우에는 FTO 분석뿐만 아니라 특허 동향 조사도 할 수 있다.

10 FTO 분석을 하려고 했으나, 대상물이 너무 기초적인 콘셉트이거나 모호할 경우 특허 동향 조사로 방향을 바꾸는 경우가 종종 있다.

1.5.1 연구 개발 과정

FTO 분석은 제품, 방법, 공정(프로세스), 서비스 등을 개발하는 연구 개발 과정에서 수행될 수 있다.

제품, 방법, 공정, 서비스 등의 연구 개발 과정은 각각 다르지만, 가장 일반적인 예로 제품을 개발하는 과정에서 FTO 분석이 수행되는 모습을 살펴본다.

제품 개발 과정은 구체적인 상황에 따라 달라질 수 있는데, 대개 계획 수립, 콘셉트 개발, 시스템 설계, 상세 설계, 시험 및 보완, 양산 준비 등으로 이루어질 수 있다.[11] 이러한 과정은 프로세스, 서비스의 개발에도 유사하게 적용될 수 있으며, FTO 분석은 이러한 여러 개발 단계와 연계되어 수행될 수 있다.

일반적으로 제품이 확정적으로 특정이 되어야 그 특정 내용에 대응하는 특허 문헌을 정확히 찾을 수 있으므로 제품 확정 단계에서 FTO 분석을 수행하면 보다 정확한 침해 분석이 가능하다. 그러나 제품 확정 단계는 연구 개발 단계 중 거의 마지막 단계이므로 그 단계의 FTO 분석에서 경쟁사의 핵심 특허가 발견되면 해결 방법이 제한적이다. 이미 많은 비용과 시간이 투자된 상태이므로, 회피 설계를 위해 설계 변경 시 손해가 크고 출시 일정에 차질이 생길 수도 있다.

따라서 제품 개발의 콘셉트 개발 단계[12]부터 FTO 분석을 하는 것이 바람직하다.[13] 구체적으로는 콘셉트 생성 과정에서는 특허 동향 조사를 수행하고, 콘셉트 선정이나 콘셉트 테스트 과정에서는 선정된 콘셉트 기술을 이용하여 FTO 분석을 수행한다. FTO 분석을 통해 침해 이슈 가능성이 존재하면 대안 기술을 찾아

---

11 Karl T. Ulrich & Steven D. Eppinger, "제품 개발 프로세스 6th Edition", 홍유석, 강창묵, 곽민정 역, McGraw Hill Education(2017), p.10.

12 콘셉트 개발은 콘셉트 생성, 콘셉트 선정, 콘셉트 테스트 과정을 포함함: 상게서, p.269.

13 상게서, p.147~148.

회피 설계를 시도하거나 아예 콘셉트 방향을 변경할 수도 있다.

콘셉트 개발 단계에서는 제품의 콘셉트만 확정되고 제품의 세부 설계는 아직 진행되지 않은 상태이므로, 설계 단계와 양산 준비 단계에서도 FTO 분석이 필요하다. 즉, 콘셉트 부분뿐만 아니라 그 콘셉트가 구현되는 세부 설계 구조에서도 특허 침해는 일어날 수 있기에 각 단계에서도 FTO 분석을 수행하는 것이 좋다. 아울러 양산 직전, 즉 시장에 제품을 최종적으로 출시하기 전 종합적인 FTO 분석을 실시하여 특허 분쟁 이슈를 확실히 예방하는 것이 바람직하다.

앞에서는 새로운 제품을 개발하는 경우를 설명하였지만, 이미 출시된 제품을 개량하는 경우에도 FTO 분석을 수행할 수 있다. 그 경우 전체 제품이 아닌 새롭게 개량된 부분을 중심으로 FTO 분석을 진행할 수 있다.

제약 분야의 경우 '후보물질'의 개발 단계에 따라 FTO 분석이 진행될 수 있는데, 후보물질 발굴 및 검증 단계와 비임상 및 임상 단계에서 FTO 분석의 중요성이 크다.[14]

1.5.2 해외에서 물건을 수입하기 전

유럽에서 인기있는 제품을 한국으로 수입하려고 하는 경우를 생각해 보자.

발명의 실시의 개념에는 '수입하는 행위'도 포함되어 있다.[15] 즉, 국내로 수입하는 물건이 국내 특허의 권리범위에 속한다면 수입업자는 특허권자 또는 전용실시권자의 허락을 받지 않고는 수입을 할 수 없다. 해당 제품을 수입하는데 특허 침해 이슈가 발생하면 사업 진행에 차질이 생기고 민형사상의 문제가 발생할 수 있으므로 수입하기 전에 FTO 분석이 필요하다.

FTO 분석 결과 수입하려는 제품이 타인의 국내 특허를 침해한다면 특허 침

---

14 이민주, 성락규, "바이오기술 개발 및 상업화시 꼭 필요한 특허 침해 분석(FTO)", 한국바이오협회 한국바이오경제연구센터, 2021.8.

15 특허법 제2조 참조

해를 해소하기 위해 제품의 회피 설계를 제조업체에 요구하거나 해당 국내 특허를 매입하거나 라이선스 시도 또는 무효화를 검토해 볼 수 있다.

1.5.3 특허의 매입 전

어떠한 제품을 생산하기 위해 관련 특허를 매입하는 경우가 있다. 그 경우 특허의 매입 전에 크게 두 가지 분석을 할 수 있다.

첫 번째는 해당 특허의 유효성을 검토하는 분석이고, 두 번째는 해당 특허를 실시할 경우 타인의 특허를 침해할 위험이 있는지를 검토하는 것으로서 '이용 침해'의 여부를 검토하는 분석이다. 그러한 '이용 침해'의 여부를 검토하기 위해서는 해당 특허의 발명이 검색된 타인의 특허를 침해하는지 판단해야 하므로 FTO 분석의 일종이라 할 수 있다.

1.5.4 라이선스 계약 전

기술이전 사업에서 라이선스 계약을 체결할 때 일반적으로 특허에 대한 실시권 계약도 함께 진행하게 된다. 이때 해당 특허에 대한 가치를 보기 위해 유효성을 검토하는 분석을 수행할 수 있다. 또한 그 경우 해당 특허의 실시가 타인의 특허를 침해하는지의 '이용 침해' 여부를 살펴보는 FTO 분석을 수행할 수 있다.[16]

라이선스 인(License in)과 라이선스 아웃(License out)이라는 개념[17]으로 라이선스 계약이 이루어질 수 있는데, FTO 분석은 라이선서(Licensor)가 수행할 수도 있지만 보통 라이선스를 받아 제품을 생산하는 라이선시(Licensee)가 주도적으로 수

---

16 특허 라이선스 계약서 작성 시에 라이선시(licensee)가 라이선서(licensor)를 상대로 진술(representation)과 보증(warranty)으로 라이선스 대상인 특허의 유효성과 제3자 특허 비침해를 요청하기도 한다.

17 주로 바이오, 제약 등의 사업 분야에서 사용되는 용어이다.

행하는 경우가 많다.

1.5.5 기업 투자나 기업 가치 평가

어떤 벤처 기업이 혁신적인 제품을 개발하여 시장에서 큰 주목을 받는 경우 대기업이 해당 벤처 기업에 대해 투자를 하거나 아예 해당 벤처 기업을 인수하는 사례를 종종 볼 수 있다.

이러한 벤처 기업에 대한 투자나 인수의 이유는 해당 벤처 기업의 인적 및 설비 인프라의 가치를 높게 평가하기 때문일 수 있지만, 대개는 해당 벤처 기업의 기술, 특히 관련 제품과 제품의 파생 기술에 대한 가치를 중요하게 생각하기 때문일 것이다.

통상 그러한 벤처 기업에 대한 투자 과정에서는 기업 가치를 평가하게 되며, 이 과정에서 보유 특허의 가치도 함께 고려된다. 보유 특허 자체의 가치가 주로 평가되지만, 제품을 생산하는 데 있어 보유한 특허만으로 충분한지 여부도 검토된다.

특허 가치를 평가하는 방법은 여러 가지가 있는데, 일반적으로 특허가 적용된 제품의 매출액이나 사업화로부터 발생하는 미래의 현금흐름을 추정하여 그에 비례하여 특허 가치를 산정한다.

보유 특허의 가치 평가가 중요하기는 하지만, 제조한 제품이 특허를 침해하는지 판정하는 IP 리스크 평가도 매우 중요하다. 즉, 해당 벤처 기업이 제조한 제품이 실상은 특허 침해 제품이라면 그에 따라 기업 가치도 다시 산정해야 한다. 그 경우에는 해당 벤처 기업의 기술력을 심층적으로 검토하고, 관련 원천 기술을 보유하고 있는지 정밀하게 점검을 해야 한다. 특히 규모가 작은 회사는 특허 이슈가 발생할 경우 기업의 존립에 큰 영향을 미칠 수 있다.

또한 기업 가치 평가에 있어서, 보유 특허의 수가 적고 보유 특허의 가치도 상대적으로 낮은 벤처 기업의 경우에는 특허보다 '제품 자체'가 더 중요하다. 그런데 '제품 자체'가 타인의 특허를 침해할 가능성이 높다면 기업의 가치는 크게 하락할 수 있다. 이러한 IP 리스크 판단은 해당 기업에 대한 투자 여부와 투자 규모를 결정하는 데 도움을 줄 수 있으며, 제품에 대한 IP 리스크 판단은 FTO 분석을 통해 이루어질 수 있다.

앞서 말한 벤처 기업의 경우 제품에 특허 침해 이슈가 있는지, 보유 특허를 실시하는 데 타인의 특허에 대한 이용 침해는 없는지 등을 검토하는데 FTO 분석이 적용될 수 있다.

1.5.6 부품 납품하기 전

완제품 업체의 부품 구매 담당자가 필요한 제품 사양을 명기하여 부품 업체에 납품 의뢰를 했다. 이 중 몇몇 업체가 납품이 가능하다고 하여 부품을 받아 완제품에 적용하였는데, 만약 납품받은 부품이 타사의 특허를 침해한다면 완제품을 제조하는 기업도 문제가 될까? 결론적으로 당연히 문제가 된다. 실제로 침해 부품을 만든 업체뿐만 아니라, 이를 납품받아 완제품을 제조하는 업체도 특허 침해의 피의자가 될 수 있다.

이 때문에 완제품 업체는 납품받는 부품에 대해 부품 업체에 특허 보증(Patent Warranty)을 요구하는 경우가 있다.[18] 특허 보증은, 부품이 특허 침해 이슈에 해당되면 부품 업체는 완제품 업체가 부담해야 하는 손해와 비용을 보증한다는 의미이다.[19]

특허 보증 계약을 체결하게 되면 침해 이슈가 발생할 경우 막대한 손해배상

---

18 2021년에 일본제철이 도요타자동차와 중국의 바오산강철을 상대로 특허침해소송을 제기하였는데, 도요타자동차는 이미 바오산철강과 특허 보증계약을 체결한 상태이므로 패소 시 손해배상액을 바오산철강이 부담하도록 한 것으로 알려져 있다. 이처럼 특허 보증 계약은 IP 리스크를 줄여 경영 안정성을 향상시킬 수 있다.

19 완제품 업체는 가급적 특허 보증의 범위를 넓게 설정하고 부품을 제공하는 협력업체는 특허 보증 범위를 한정하고 면책 사항이 다수 포함되도록 계약서를 작성하는 것이 유리하다.

액을 부담할 수 있으므로, 계약 체결 전에 당사자들은 공식적으로 또는 비밀리에 FTO 분석을 수행하는 것이 일반적이다.

이와 관련된 예시를 간단히 살펴본다.

부품 업체가 국내에서 생산한 부품을 완제품 업체에 납품하고, 완제품 업체는 납품된 부품을 사용한 완제품을 제조하여 해외로 수출했는데, 납품된 부품이 해외의 특허권을 침해하여 결국 완제품 업체가 해외에서 특허 침해로 피소된 경우를 가정하여 살펴보자.

이 경우, 부품 업체는 그 수출 국가에서 직접적인 특허 침해 행위를 하지 않았으므로 특허권자는 일반적으로 완제품 업체 또는 해당 완제품을 수입 또는 판매하는 기업이나 개인을 상대로 특허권을 행사할 수 있다.

그러나 부품 업체가 완제품의 수출 시 자신이 공급하는 부품에 대해 특허 보증을 하였다면 부품 업체는 특허 분쟁의 당사자가 아니더라도 완제품 업체가 입은 손해를 배상하여야 할 의무가 발생할 수 있다.[20] 따라서 부품 업체는 국내에서 실시가 자유롭다고 하더라도 완제품이 수출되는 국가의 특허 데이터를 이용하여 자신이 제조하는 부품에 대한 FTO 분석을 하는 것이 바람직하다.

즉, 완제품 업체가 납품 부품에 대한 FTO 분석을 부품 업체에 요구하지 않더라도 특허 보증 계약이 체결된 경우에는 부품 업체가 완제품이 판매되는 지역에 대한 FTO 분석을 스스로 수행하는 것이 좋다.

1.5.7 해외로 수출하기 전

국내에서 특별한 문제 없이 제품을 제조하여 판매를 해 온 기업이 있다고 가정하자. 해당 기업이 판매 시장을 확대하기 위해 해외에 지사를 설립하고 해당

---

20 윤선희 외, "지재권분쟁대응 어렵지 않아요", 특허청 산업재산보호지원과, 한국지식재산보호협회 예방전략팀, 2013.11, p.36~44.

제품을 수출할 계획이라면 수출 전 FTO 분석이 필요하다.

특허는 속지주의를 채택하고 있어서, 국내에서 특허적으로 문제가 없는 제품이라도 해외에서는 특허 이슈가 발생할 수 있다. 따라서 수출을 계획하고 있는 국가들의 특허 데이터를 활용하여 해당 제품에 대해 FTO 분석을 수행하는 것이 바람직하다.

1.5.8 특허 가치 평가 목적

제품의 양산 시설이 없는 대학교나 순수 연구 기관에서는 FTO 조사를 할 이유가 적다. 시장에 출시할 제품이 없기 때문에 이론상으로는 특허 침해 이슈가 발생할 여지가 없기 때문이다.

특히, 보유 특허가 있다고 하더라도 양산을 목적으로 하지 않기 때문에 설계와 제조에 필요한 특허 포트폴리오를 구성할 정도로 많은 특허를 보유하고 있는 경우는 드물다. 그럼에도 불구하고 FTO 조사를 수행하는 경우가 있는데, 이는 보유 특허의 가치를 평가하기 위한 목적이 크다.

즉, 보유 특허를 제3자에게 기술 이전하고, 기술을 이전받은 제3자가 해당 기술을 이용하여 제품을 시장에 출시할 경우 특허 이슈가 발생할지에 대한 검토를 수행하는 것이다. 이러한 검토는 보유 특허를 실시하는 것이 타인의 특허를 침해하는지 여부를 살펴보는 것으로 '이용 침해'를 검토하는 것이 된다.

1.5.9 복제약 제조 목적

복제약, 즉 제네릭 의약품과 바이오시밀러의 경우, 특허 존속 기간의 만료는 해당 업계에서 매우 중요한 이슈이다. 특히 글로벌 블록버스터 의약품의 경우 경쟁사들은 특허 존속 기간의 만료를 기다리며 미리 준비를 진행한 후 특허권의 존속기간이 만료된 즉시 바로 생산에 들어가는 경우가 많다.

복제약의 제조를 준비하고 있는 업체들은 특허권 존속기간 만료 전에 미리 생산 설비 설계, 생산 공정 개발 연구 등을 수행하여 대량 생산에 대비하고, 임상 시험 계획을 수립하는 등 많은 준비를 한다.

따라서 복제약 업체에서는 특허의 존속기간이 만료된 의약품이나 곧 특허의 존속기간이 만료될 의약품을 미리 조사하여 사업 준비를 하는 것은 매우 중요하다. 이러한 특허권 존속기간 만료 예정 의약품에 대한 조사는 사업 진행에 있어서 특허 제약을 없앤다는 의미에서 FTO 분석의 일종이라 볼 수 있다.

Freedom
to
Operate

2장

어떻게 FTO 분석을 수행하는가?

2.1 기본 개념

FTO 분석은 '대상물'이 타인의 특허를 침해하는지를 분석하는 작업으로서 다음과 같이 진행된다.

FTO 분석은,
i) 대상물을 특정하고,
ii) 대상물과 관련된 특허를 검색하고,
iii) 대상물의 실시 행위가 검색된 특허를 침해하는지 판단하여 핵심 특허를 선별하고,
iv) 특허 침해 이슈에 대한 대응책을 강구하는 과정을 거치게 된다.

대상물을 특정함

↓

대상물과 관련된 특허 문헌을 검색함

↓

대상물이 검색된 특허를 침해하는지 판단하고 핵심 특허를 선별함

↓

선별된 핵심 특허의 위험도를 결정하고, 핵심 특허에 대한 대응책을 강구함

앞서 WIPO가 정의한 바와 같이 FTO 분석의 '대상물'은 제품, 공정(프로세스), 서비스 등을 포함할 수 있다. 즉, 대상물은 구체적인 형태를 가지는 제품, 구체

적인 단계를 가지는 공정, 또는 직접 경험할 수 있는 서비스 등이 될 수 있다.

한편, 특허에서 우리가 보는 것은 '구체적 형태를 가진 실물'이 아니라 언어로 표현된 추상적인 관념으로서의 '발명'이다. 즉, '발명'은 언어로 표현된 '기술적 사상'이므로 다양한 형태로 구현될 수 있다.

FTO 분석에 사용되는 '대상물'은 일반적으로 제품, 공정(프로세스), 서비스 등으로 이루어진다. 그러나 앞서 설명한 "1.5.8 특허 가치 평가 목적"에서 언급한 바와 같이 보유 특허만 존재하는 등 구체적인 제품 등이 없는 상황에서는 '대상물'은 하나 또는 여러 개의 '추상적인 기술'로 이루어질 수 있다. 또한 연구 개발 초기 단계에서 제품, 공정(프로세스), 서비스의 일부만 개발된 경우에 그 일부가 '대상물'이 될 수도 있다.

대상물이 특정되면 특허 검색을 수행하여 대상물과 관련이 있는 특허를 찾는다. 이를 위해 검색식과 검색 항목을 적절히 구성하여 특허 검색을 수행한다.

관련 특허 문헌들이 검색되면, 검색된 특허 문헌들의 청구항과 대상물을 비교하여 특허 침해 여부를 판단하고 핵심 특허[21]를 선별하여 분석을 수행한다.

핵심 특허에 대한 분석을 통해 특허 침해 이슈를 방지할 수 있는 대응책을 수립하고, 위험도를 평가하여 의사 결정에 도움을 준다.

2.2   대상물의 특정

2.2.1 대상물은 누가 특정하는가?

특허 침해 분쟁은 일반적으로 특허권자가 침해를 주장하며 시작된다.[22] 특허

---

21   일반적으로 '특허'는 등록까지 된 '등록 특허'를 의미하지만, 이 책에서 '핵심 특허'란 등록 특허뿐만 아니라 공개 특허도 포함된 개념으로 정의한다.

22   전용실시권자도 특허 침해를 주장할 수 있는데, 여기에서는 편의상 '특허권자'가 침해를 주장하는 것으로 상정한다.

침해 행위를 발견한 특허권자는 보통 경고장에 상대방이 자신의 특허를 침해했다는 취지를 기재하여 상대방에게 발송함으로써 분쟁을 시작한다.

이 과정에서 특허권자는 상대방이 실시하는 침해품의 기술을 특정하여 자신의 특허와 비교하게 되는데, 이 침해품이 특허 침해 판단의 '대상물'이 된다. 즉, '대상물'을 특정하는 사람은 '특허권자'이다.

예를 들어 특허권자가 '에어컨용 압축기'에 대한 특허를 소유하고 있고, 상대방이 제조한 에어컨 내의 압축기가 침해품이라고 가정해보자.

특허권자는 상대방의 침해품이 자신의 특허권을 침해했는지 판단한다. 즉, 특허권자는 상대방이 실시하는 침해품의 관련 기술을 특정하여 자신이 보유한 특허와 비교하게 되는데, 구체적으로 상대방이 제조하는 에어컨의 부분 중 압축기의 구성을 조사하고 그 구성을 보유 특허의 청구항과 비교함으로써 특허 침해 여부를 판단한다. 이때, 특허권자에게는 상대방 에어컨의 다른 부분들, 예를 들면, 필터, 인버터, 응축기 등은 중요하지 않다. 특허권자는 오직 상대방의 침해품이 자신의 특허를 침해했는지 여부만 중시한다.

이러한 과정은 비교적 명료하기 때문에 대상물의 특정에 있어 혼동이 발생할 여지가 적다.

그런데 FTO 분석은 대상물의 실시 행위가 타인의 특허를 침해하는지 검토하는 작업이다. 즉, 대상물을 실시하려는 사람이나 대상물과 관련이 있는 사람이 대상물이 현재 유효한 타인의 특허를 침해하는지를 판단해야 한다.

예를 들어, 어떤 기업이 에어컨을 제조하는 기업이라면 그 기업이 제조하는 에어컨의 수많은 구성, 예를 들면 압축기, 응축기, 필터, 전원 공급부, 냉매 순환관 등의 여러 구성이 현재 유효한 타인의 특허권을 침해하는지 살펴봐야 한다.

즉, 일반적인 침해 판단과 달리 FTO 분석에 있어 대상물을 특정하는 주체는 대상물을 실시하려는 사람(또는 기업)이나 대상물과 관련이 있는 사람(또는 기업)이다.

2.2.2 대상물은 어떻게 특정하는가?

2.2.2.1 대상물의 특정

(1) 대상물 특정의 목적

FTO 분석은 대상물을 실시하는 경우 특허 침해의 이슈가 존재하는지를 평가하는 작업이므로 대상물의 특정은 '특허 조사의 범위'를 결정할 뿐만 아니라 '특허 검색의 기준'이 된다.

대상물의 특정 과정은 FTO 분석의 '대상물을 정하는 것' 뿐만 아니라, '대상물을 깊이 이해'하는 과정이다. 이 과정에서는 대상물의 전체와 각 부분의 기술적 구성, 작용, 효과를 인식하게 된다. 이를 위해 도면, 카탈로그, 설명서 등 대상물 관련 자료를 적극적으로 수집하고 대상물에 대해 지식이 풍부한 사람에게 설명을 듣기도 한다.

FTO 분석은, 검색된 특허 문헌과 대상물을 비교하여 특허 침해 여부를 판단하는 작업이므로 비교 대상인 '대상물'을 어떻게 이해하고 규정짓는지에 따라 그 결과가 좌우된다. 따라서 FTO 분석에서 대상물의 특정은 매우 중요한 작업이다.

대상물 특정의 개념을 설명하기 위해 표면 실장 기술(SMT, surface mount technology)에 사용되는 칩 마운터(Chip Mounter)를 예로 들기로 한다. 이하 칩 마운터를 예로 든 설명이 다수 존재하므로 여기에서 칩 마운터의 구성을 간략하게 소개한다.

표면 실장에 사용되는 장치에는 칩 마운터 외에도 스크린 프린터, 솔더 도포 검사 장치, 리플로우 장치, 검사 장치 등이 있다. 이 중 칩 마운터는 전자 부품을 회로 기판에 장착하는 장치이다.

칩 마운터는 실장할 전자부품을 공급하는 피더와 피더로부터 전자부품을 픽업하여 회로기판에 실장하는 헤드와 헤드를 X-Y 방향으로 움직이는 X-Y 갠트리와 실장 작업을 위해 기판을 이송하는 이송 장치 등으로 구성되어 있다(하기 칩 마운터 그림 참조).

칩 마운터

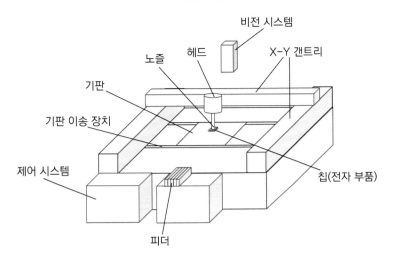

칩 마운터의 작동은 다음과 같다. 피더가 전자부품을 공급하고 X-Y 갠트리는 헤드를 움직여 위치를 조정하며 헤드의 노즐이 피더의 전자부품을 픽업한 후 픽업한 전자부품을 기판에 실장하게 된다.

그러한 칩 마운터를 대상물로 특정하는 예를 설명하면 다음과 같다.

'칩 마운터'를 일본에서 수입하여 국내에 판매하려는 A기업은, FTO 분석의 대상물을 '칩 마운터'로 정하고 해당 대상물에 대해 자세한 정보를 얻어 특정하였다.

A기업은 대상물을 특정한 후 '특정된 대상물과 관련된 특허 문헌'을 검색하였는데, '칩 마운터'는 피더, 헤드, X-Y 갠트리, 기판을 이송하는 이송 장치 등 여러 부분을 포함하고 있으므로 대상물의 각 부분을 검색할 수 있는 검색식을 작성하여 특허 문헌들을 얻었다. 이후 A기업은 특허 문헌들과 대상물의 기술들을 비교하여 특허 침해 여부를 판단하였다.

(2) 대상물의 1차 특정과 2차 특정

대상물의 특정은 FTO 분석의 초기 단계부터 수행되는 작업인데 이 작업은 특정 시기에 따라 크게 1차 특정과 2차 특정으로 나눌 수 있다.

1차 특정은 FTO 분석의 초기에 이루어지며, 1차 특정으로 특정된 대상물을 바탕으로 검색식이 작성된다. 즉, 대상물이 침해할 가능성이 있는 특허 문헌을 찾는 것이 검색의 목적이므로 1차 특정에서 가능한 한 자세하게 대상물을 특정해야 다음 작업이 수월하게 진행될 수 있다.

1차 특정을 통해 작성된 검색식으로 관련 특허 문헌들을 검색한 후, 검색으로 얻은 특허 문헌들의 내용을 검토하고 대상물과 비교하여 특허 침해 판단을 수행한다.

그러나 1차 특정을 통해 대상물을 나름대로 자세히 파악했음에도 불구하고, 실제 특허 문헌과 비교하려고 하면 1차 특정을 통해 파악한 대상물의 특징이 부실하여 비교가 어려운 경우가 종종 발생한다. 즉, 검색된 특허 문헌의 내용을 보고 그 특허 문헌의 구성요소가 대상물에 존재하는지 바로 알 수 없는 경우가 많다. 이는 검색된 특허 문헌의 청구항의 기재가 모호한 경우도 있겠지만 대부분은 특허 문헌의 내용이 대상물의 내용보다 더 세부적으로 기재되었기 때문이다.

예를 들어 칩 마운터의 헤드가 대상물인 경우, 검색된 특허 문헌의 청구항이 '헤드에 장착된 노즐의 표면을 도금하는 방법'을 포함하고 있다고 가정해 보자. 1차 특정을 통해 파악된 것은 헤드에 장착된 노즐의 개수와 배치 구조에 불과하였다면 해당 특허 문헌의 구성요소가 대상물에 존재하는지는 바로 알 수 없다.

이처럼 검색된 특허 문헌의 내용이 대상물의 내용보다 더 세부적으로 기재된 경우에는 대상물에 대한 추가 조사가 필요하다. 즉, 대상물을 다시 조사하여 특허 문헌의 내용이 대상물에 존재하는지 살펴야 할 필요가 있는데 이는 대상물의 2차 특정을 통해 이루어진다.

요약하자면 대상물의 '1차 특정'은 특허 문헌의 검색 전에 이루어지는 과정이고, 대상물의 '2차 특정'은 특허 문헌의 검색 후에 이루어지는 과정이다. 대상물의 '2차 특정'은 특허 침해 판단을 명확히 하기 위해 대상물을 더욱 자세히 조사하고 분석하는 과정이라 할 수 있다.

대상물이 단순한 구성을 가지거나 보유 특허[23]로 구성됨으로써 대상물에 포함된 기술이 명확하다면 1차 특정으로도 충분하겠지만 대부분의 대상물은 1차 특정만으로는 특허 문헌과 비교하여 침해 판단을 하기는 어렵다.

즉, 대상물의 2차 특정은 특허 문헌이 발견된 후 이루어지는 특정으로서 발견된 특허 문헌을 바탕으로 하여 대상물의 세부 특징을 역으로 파악하는 과정이라고 볼 수 있다. 이러한 대상물의 2차 특정은 한 번에 끝날 수도 있지만 경우에 따라 여러 번 반복될 수도 있다.

대상물의 1차 특정과 2차 특정에 대한 간략한 비유

이상으로 대상물의 1차 특정과 2차 특정에 대해 간략히 설명하였지만, 이러한 개념은 다소 생소할 수 있으므로 이를 이해하기 쉽게 비유를 들어 설명해 보기로 한다.

아내가 10년 동안 사용하던 채칼(Mandoline)이 부서지자, 남편에게 퇴근길에 채칼을 사다 달라고 요청했다. 아내는 10년 동안 채칼을 사용하면서 사용하던 채칼의 손잡이 부분이 너무 구부러져 있어 손목에 무리가 있다는 사실을 잘 알고 있었기 때문에 아내는 '아내가 원하는 채칼'의 형태가 머릿속에 선명하게 떠올랐다. 채칼은 형상, 길이, 폭, 칼날 구조, 칼날 배열, 칼날 개수, 손잡이 등에서 제품마다 차이가 있기 때문에 아내는 '아내가 원하는 채칼'의 형태와 기능을 남편에게 전화로 설명하였다.

남편은 채칼을 사용해 본 적이 없지만 아내의 설명을 잘 기억하고 퇴근길에 마트로 향했다. 마트의 주방용품 코너에 도착한 남편은 다양한 종류의 채칼이 진열된 모습을 보고 놀랐다. 그는 각 제품을 살펴본 후 아내에게 전화를 걸어 각 제품 사진을 보내며 아내의 의견을 물었다. 약 30분 동안 15종류의 채칼에 대해 상의한 끝에, 아내가 원하는 형태와 기능을 갖춘 채칼을 결국 선택할 수 있었다.

---

23 앞서 말한 바와 같이 보유 특허가 대상물인 경우에는 대상물은 보통 1개의 기술로 이루어지며 구성이 명확하다.

i) 위의 비유에서 아내는 'FTO 의뢰인'에 대응되고, 남편은 'FTO 분석자'에 대응된다. 아내의 머릿속에 선명하게 떠오른 '아내가 원하는 채칼'은 '대상물'에 대응되고, 남편이 마트에 가기 전에 아내로부터 들은 '아내가 원하는 채칼'의 형태와 기능은 대상물의 1차 특정 과정에 대응된다. 즉, 마트에 가기 전에 남편은 사야 할 물건이 '채칼'이라는 점과 그 '채칼'이 아내가 설명한 '아내가 원하는 채칼'의 형태와 기능을 가져야 한다는 것을 인식했다.

ii) 위의 비유에서 남편이 마트의 주방용품 코너에서 다양한 종류의 채칼을 찾아낸 것은 특허 검색 과정에 대응된다. 남편은 마트의 여러 코너 중 주방용품을 파는 코너로 이동하였고, 그 안에서 다양한 채칼이 진열된 매대를 발견하였다.

iii) 위의 비유에서 남편은 진열된 많은 종류의 채칼을 보고 쉽게 판단을 할 수 없었는데 이는 진열된 채칼들 중 새로운 기능, 새로운 형태 등을 포함한 제품이 많아 아내가 처음에 설명한 내용만으로는 '아내가 원하는 채칼'과 가장 비슷한 제품이 어떤 제품인지 알기가 어려웠기 때문이다. 따라서 남편은 아내에게 연락하여 진열된 채칼들의 사진을 보내고 의견을 교환하였는데, 이는 대상물의 2차 특정 과정에 대응된다. 예를 들어 손잡이 각도가 수평을 기준으로 20도, 30도, 40도, 50도인 진열 제품들에 대해 아내와 논의한 결과, 손잡이 각도가 30도인 제품이 아내가 머릿속에 그린 '아내가 원하는 채칼'에 부합한다는 사실을 알게 되었다. 이러한 '아내가 원하는 채칼'의 구체적인 손잡이 각도의 특정은 1차 특정에서는 다루지 않았던 내용으로, 2차 특정에 해당한다.

이러한 비유는 FTO 분석의 과정과 다소 차이는 있지만, 1차 특정과 2차 특정으로 이루어지는 2단계 특정에 대한 이해를 돕는 데 유용할 것이다.

2.2.2.2 대상물에 대한 검색 특허 문헌의 개수가 많은 경우 대상물을 분할하거나 한정함

(1) 대상물 분할의 이유

대상물을 특정한 후, 특정한 대상물에 대한 검색식으로 검색함으로써 대상물과 관련된 특허 문헌들을 얻게 된다. 그렇게 얻은 특허 문헌들을 대상물과 비

교하는 필터링 과정을 통해 일부 특허 문헌들을 제거하게 된다.[24]

그런데 검색으로 얻은 특허 문헌의 수가 지나치게 많으면[25] 필터링 과정을 수행하기 어렵고, 세부 침해 분석도 어려워진다.

예를 들어 대상물이 칩 마운터인 경우에 칩 마운터에 대한 검색식을 사용하고,[26] 검색 국가를 한국, 미국, 일본, 유럽, 중국 등으로 하여 검색을 하면 약 14만건이 검색되는데 14만건이라는 개수는 사람이 직접 보고 판단하기에는 너무나 많은 개수이다.[27] 이렇게 많은 개수가 검색되면 대상물을 분할하여 진행하는 것이 바람직하다.

즉, 최초에 특정한 대상물(원 대상물)에 대해 특허 문헌이 너무 많이 검색된다면, 그 원 대상물을 여러 개의 분할 대상물로 나누는 것이 필요하다.[28] 각각의 분할 대상물에 대한 특허 검색을 수행한 후, 검색한 특허 문헌들을 모아서 필터링하여 침해 분석 등을 진행할 수 있다.

다시 말해 원 대상물에 대응되는 검색 특허 문헌이 많다면, 그 수를 줄이기 위해 원 대상물을 '분할 대상물'로 나누고, 각 분할 대상물에 대한 검색식을 작성하여 검색을 수행한다.[29] 이렇게 각 분할 대상물에 대한 검색을 수행하여 얻은

---

24 후술하겠지만 필터링 과정은 여러 번 수행될 수 있고, 그러한 과정을 반복함으로써 핵심 특허가 선별될 수 있다.

25 본격적인 검색이 이루어지기 전에 간이 검색을 통해 개략적인 특허 문헌의 개수를 가늠할 수 있다.

26 FTO 분석의 완성도를 높이기 위해서는 칩 마운터의 전용품이 아닌 X-Y 갠트리, 이송 장치 등에 대한 검색식은 따로 작성하여 검색해야 하는데, 여기서는 설명을 위해 칩 마운터 자체에 대한 검색식만 적용한다.

27 AI가 발달하면 특허 문헌의 개수가 많더라도 일일이 대상물과의 비교 판단이 가능할 것이다.

28 최초에 특정한 대상물에 대응하는 검색 특허 문헌이 많지 않다면 원 대상물을 분할하지 않아도 된다.

29 예를 들어 '칩 마운터'가 원 대상물이고 '칩 마운터의 피더'가 분할 대상물이라면, '칩 마운터의 피더'에 대해 검색되는 특허 문헌의 개수가 '칩 마운터'에 대해 검색되는 특허 문헌의 개수보다 적을 것이라는 점은 직관적으로 알 수 있다.

특허 문헌들을 모은 후 필터링 과정을 통해 핵심 특허를 선별한다.

만약 분할 대상물로 나누어도 여전히 대응하는 특허 문헌이 많다면 해당 분할 대상물을 더 분할하여 진행할 수 있다. 다시 말해 대상물과 대응되는 특허 문헌의 수가 많은 경우 대상물을 분할하여 다시 검색해 보고, 그것도 많다면 더 나눔으로써 분석이 가능할 정도로 대상물을 분할하여 진행하는 것이다.

이러한 방식은 분할 대상물을 결정한 후, 각 분할 대상물에 대한 검색을 통해 전체 검색 데이터(특허 문헌)의 양을 줄인 다음에 해당 검색 데이터를 모아서 필터링을 통해 특허 침해 분석을 하는 방법이다. 이 방법의 변형 방법으로서 각 분할 대상물에 대해 검색뿐만 아니라 각 분할 대상물에 대해 개별 FTO 분석까지 수행한 후, 최종 분석 결과만을 취합하는 방법도 있다.

(2) 대상물의 분할 방법

그렇다면 대상물을 어떻게 분할할까? 대상물 분할의 목적은 해당 대상물에 대해 너무 많은 개수의 특허 문헌이 검색되므로 그 특허 문헌의 수를 줄이고자 함이다. 그러나 분할 과정에서 중요한 특허 문헌이 누락되면 침해 분석의 신뢰성이 저하되므로 대상물을 분할하는 경우 중요 특허 문헌의 누락을 방지하기 위한 방안이 필요하다.

그러한 관점에서 최초 특정한 대상물의 기술 분야에서 출원이 활발한 분야들을 파악하는 것이 중요하다. 즉, 출원이 활발한 분야[30]을 찾아서 분할 대상물에 포함시킴으로써 중요 특허 문헌을 누락시키지 않는 것이 바람직하다. 출원이 활발한 분야를 정확히 알기 위해서는 수시로 변동되는 출원 현황에 대한 정보를 알아야 하는데,[31] 이를 위해 간이로 특허 검색을 수행해 보거나 관련 보고

---

30 출원이 활발한 분야는 기술 유행 및 시기에 따라 다를 수 있다. 출원이 활발하다는 것은 그 분야의 연구 개발이 활발히 이루어지고 있다는 것을 의미하며, 이는 자본, 인력, 장비 등이 집중적으로 투입되는 분야라는 것을 나타낸다.

31 AI가 미리 특허 문헌들을 학습했다면 출원이 많이 이루어지는 분야를 쉽게 알아낼 수 있다.

서[32]를 찾아 분석할 수 있다.

그렇게 해당 기술 분야에서 가장 출원이 활발한 분야들을 결정하고 나면, 이를 바탕으로 분류표(이하에서는 이를 '대상물 체계 분류표'라고 명명한다)를 작성할 수 있다.

예를 들어, 칩 마운터의 경우에 대상물 체계 분류표의 분할 대상물은 피더, 헤드, 갠트리, 기판 이송 장치, 제어 시스템 및 알고리즘, 비전 시스템 등으로 나눌 수 있다.

원 대상물	분할 대상물	칩 마운터 전용 여부
칩 마운터	피더(A)	전용
	헤드(B)	전용
	갠트리(C)	비전용
	기판 이송 장치(D)	비전용
	제어 시스템 및 알고리즘(E)	전용
	비전 시스템(F)	전용

위의 표에서 칩 마운터라는 원 대상물에 비해 분할 대상물이 6개에 불과하여 특허검색 시 누락되는 특허 문헌이 당연히 발생할 수 있다. 즉, 칩 마운터 분야에서 상대적으로 많은 특허 출원 건수를 보이는 피더, 헤드, 갠트리, 기판 이송 장치, 제어 시스템 및 알고리즘, 비전 시스템을 분할 대상물로 선정하였지만 칩 마운터 분야의 다른 기술에 대한 부분이 누락될 수 있다.

누락된 특허 문헌을 보충하기 위해서는 대상물과 관련된 기술 용어를 포함한 키워드를 검색식에 추가하거나 경쟁사명, IPC 등의 기술분류 등을 활용한 검색식을 작성하여 검색함으로써 누락된 특허 문헌을 보충할 수 있다.

누락된 부분을 최소화하는 것이 중요하지만 경우에 따라 필요 없는 분할 대

---

32 특허청이나 사설 연구기관에서 발간한 출원 동향 보고서, 해당 기술 분야의 연구 동향 보고서, 시장 현황 보고서를 검색하는 것이 좋다.

상물을 일부러 제외하고 FTO 분석을 진행할 수도 있다. 예를 들어 최근에 칩 마운터의 '기판 이송 장치'에 대해 이미 FTO 분석이 진행된 바 있다면 굳이 추가로 '기판 이송 장치'에 대한 분석을 할 필요가 없으므로 해당 분할 대상물을 제외하고 검색을 진행한다.

또한 위의 표에서 '전용(專用)'과 '비전용(非專用)'을 구분한 이유는 다음과 같다.

분할 대상물이 '전용'인 경우에는 '칩 마운터'에만 적용되기 때문에 나중에 검색식 작성 시 '칩 마운터'와 관련된 기술 용어와 'and 조건'[33]으로 작성할 수 있다.

반면, 분할 대상물이 '비전용'인 경우에는 '칩 마운터'뿐만 아니라 다른 장비에도 적용될 수 있으므로 검색식 작성 시 '칩 마운터'와 관련된 기술 용어와 'and 조건'으로 작성해서는 안 된다. 예를 들어 '갠트리'는 칩 마운터뿐만 아니라 다이 본더 등 다른 반도체 후공정 장치에도 사용할 수 있고, 더 나아가 반도체 공정이 아닌 다른 기술 분야에도 사용될 수 있는 장비이다. 따라서 '갠트리'와 관련된 특허 문헌들 중에는 용도를 '칩 마운터'에 한정하여 작성하지 않은 문헌이 있을 수 있고, 그러한 문헌의 경우 '칩 마운터'와 관련된 기술 키워드 검색식으로는 검색되지 않아 누락될 수도 있다. 따라서 분할 대상물이 '비전용'인 경우에는 검색식 작성에 주의해야 하는데 이에 대한 자세한 사항은 후술한다.

이상의 내용을 정리하면 '대상물의 분할'은 최초에 특정한 대상물에 대한 검색문헌이 많아 분할 대상물로 나누는 것이고, 대상물의 분할 시 중요 특허 문헌의 누락을 방지하기 위해서 출원이 활발한 분야에 있는 부분을 분할 대상물로 정하는 방법을 사용할 수 있다.

---

33 'and 조건'이란 검색식에서 'and' 연산자를 사용하여 여러 키워드가 동시에 포함되는 경우를 의미한다. 예를 들면 '칩 마운터 and 헤드'라는 검색식은, '칩 마운터'라는 기술 키워드와 '헤드'라는 기술 키워드가 함께 존재하는 특허 문헌을 검색할 수 있다.

(3) 대상물의 한정

일반적으로 FTO 분석의 의뢰인은 대상물을 직접 개발했거나 해당 대상물에 대한 지식이 풍부하여 해당 대상물의 '고유한 특징'[34]을 잘 이해하고 있는 경우가 많다.

종종 의뢰인은 대상물의 '고유한 특징'을 중심으로 FTO 분석을 의뢰하는 경우가 있는데 그 경우 대상물의 한정(축소)을 통해 FTO 분석의 기간과 비용을 절감할 수 있다. 대상물의 한정은 조사 범위를 처음부터 아예 축소시킨다는 점에서 앞서 언급한 대상물의 분할과는 다른 개념이다.

이 방법은 제품의 부분 중 새로 개발된 부분이나 중요한 부분만을 대상물로 한정하여 FTO 분석을 하는 것이다. 예를 들어 칩 마운터의 부분 중 '헤드'를 새롭게 개발하였다면, 대상물을 '헤드'로 한정하여 FTO 분석을 진행하는 것이다.[35]

그러한 대상물 한정은 특허 검색 및 분석 범위를 줄여 시간과 비용 측면에서 이점을 제공할 수 있어 고객이 선호하지만 주의가 필요하다. 즉, 앞서 말한 바와 같이 대상물을 한정하게 되면 검색 범위가 축소되어 중요 특허 문헌이 누락될 위험이 따른다.[36] 물론 새롭게 개발된 부분을 제외한 나머지 부분에 대해 FTO

---

34 여기서 '고유한 특징'이란 일반적으로 기존 기술과 비교하여 새롭게 개발된 부분이나 대상물의 중요한 특성을 의미할 수 있다.

35 보통 기술 개발 시 특허출원도 함께 진행하기에 개발 전이나 개발 과정에서 출원 전 선행 기술 조사를 통해 관련 특허 문헌들에 대한 조사가 이루어진다. 그 경우는 개발한 발명(보통 1개의 기술에 대응함)만을 특정하고 그에 대한 선행문헌을 조사하였기에 중요 특허 문헌이 누락될 위험이 크다. 또한 비용과 시간의 제약으로 심도 깊은 조사가 이루어지지 못한 경우가 많다. 즉, 그러한 출원 전 선행기술조사는 FTO 분석에 비해 리스크 분석으로서 충분하지 않을 수 있다.

36 중요 특허 문헌 중에는 한정된 대상물을 검색하는 데 사용되는 검색식과 검색 항목만으로는 발견되지 않는 문헌이 있을 수 있다. 예를 들어, 한정된 대상물에 필요한 지원 장치나 지원 방법 등에 대한 특허 문헌은 한정된 대상물만을 중심으로 검색하면 누락될 가능성이 있다. 따라서 대상물을 한정할 계획이라면 한정된 대상물뿐만 아니라 그와 관련된 중요 특허 문헌도 포함할 수 있도록 검색식을 추가하거나 보완하고, 검색 항목을 적절히 조정하는 것이 바람직하다.

분석이 이미 충분히 이루어졌다면 새롭게 개발된 부분으로 대상물을 한정하는 것에 큰 문제는 없다. 그러나 제품이 출시되고 인기를 끌게 되면, 기존에 안전하다고 믿었던 부분도 침해 주장을 받을 수 있기에 주의해야 한다.

한편, 대상물을 한정하는 경우가 또 있을 수 있는데 대상물이 여러 부품이나 모듈로 이루어지고 해당 부품이나 모듈을 외부 협력 업체에서 공급받는 경우이다. 이때 외부 협력 업체가 특허 보증을 하는 경우 해당 부품이나 모듈을 대상물에서 제외할 수 있지만 그 경우에 침해 이슈 발생 시 해당 외부 협력 업체가 손해액을 충분히 배상할 수 있는지 확인하고 제외하는 것이 바람직하다.

아울러 해당 부품이나 모듈 자체에 대한 침해 이슈가 발생하면 특허 보증의 범위라고 할 수 있겠지만 공급받은 해당 부품이나 모듈과 대상물이 결합하여 비로소 침해를 이루는 경우가 있다. 이 경우 협력 업체와 공동 불법행위가 될 수 있고, 책임 소재도 복잡해질 수 있어 주의를 해야 한다.

또한 대상물의 부분 중 종래의 기술과 다른 부분이 A부분뿐이라 생각해서 대상물을 A로만 한정했는데 실제로는 A부분 외에도 종래 기술과 다른 부분이 있을 수 있다. 대상물 한정으로 새로 개발한 부분이 아닌 기존의 구성을 조사 범위에서 제외하였는데 그 기존의 구성에 대한 FTO 분석이 충분히 이루어지지 않았다면 특허 침해 위험이 존재할 수 있다.

따라서 대상물의 한정은 신중히 결정하여야 하며, 약간 위험이라도 존재할 가능성이 있는 경우에는 원래의 대상물로 FTO 분석을 진행하는 것이 안전하다.

2.2.2.3 적은 수의 기술을 가지는 대상물 특정

앞서 언급한 바와 같이 일반적으로 FTO 분석의 대상물은 구체적인 형태를 가지는 제품, 구체적인 단계를 가지는 공정이나 직접 경험할 수 있는 서비스 등이 될 수 있으며, 대상물이 구체적인 형태를 가지는 실물인 경우 많은 수의 기술이 포함될 수 있다.

그런데 다음의 예들처럼 대상물이 단일의 기술을 포함하거나 적은 수의 기술로 이루어진 경우가 존재하는데, 이를 대상물 특정의 관점에서 설명한다.

(1) 직접 제품을 양산하지 않는 연구소나 대학 등에서 보유하고 있는 특허들을 제품으로 상용화할 때 특허 이슈가 발생할 수 있다. 그러한 특허 이슈 예방을 위해 미리 위험 평가를 진행할 수 있는데,[37] 이 경우 보유 특허가 제품에 적용되었다는 가정을 하고 FTO 분석을 수행한다. 관련 특허 문헌을 검색하여 보유 특허와 비교하게 되는데, 이러한 특허 침해 분석은 보유 특허와 타인의 특허를 비교하는 '이용 침해' 분석에 해당한다.

그러나 보통 보유 특허는 단일의 기술을 포함하고 있고, 그러한 기술 외에는 제품의 특징이 정해지지 않았기 때문에 FTO 분석에 있어 한계가 존재한다. 즉, 실제로 보유 특허를 이용하여 제품을 만드는 경우에 제품에 보유 특허가 적용된 부분은 일부분에 지나지 않기 때문에 보유 특허가 적용되지 않은 나머지 부분에 대한 특허 침해 분석이 필요하다.

(2) 제품의 중요 기술을 개발하였는데 제품의 부분 중 '개발된 중요 기술' 외의 나머지 부분에 대한 구체적인 구성, 제조 방법이 아직 정립되지 않은 상황에도 FTO 분석을 시작할 수 있다. 특히 제품 개발의 초기 단계에서 기술 콘셉트만 완성한 경우에도 FTO 분석을 시작할 수 있다.[38] 그 경우 특정된 대상물은 '개발된 중요 기술'이나 '기술 콘셉트'가 되는 것이고 일반적으로 '개발된 중요 기술'이나 '기술 콘셉트'는 완성품과 비교하여 적은 수의 기술을 포함하고 있다.

완성품까지는 '개발된 중요 기술'이나 기술 콘셉트 외에도 다른 기술이 필요하고, 그 다른 기술에 대해서도 추가적인 FTO 분석이 필요하다. 따라서 시장에 제품을 출시하기 직전에 완성품을 대상물로 하여 최종 FTO 분석을 실시하는 것이 특허 이슈 방지를 위해 바람직하다.

---

37 앞서 설명한 "1.5.8 특허 가치 평가 목적" 참조

38 앞서 설명한 "1.5.1 연구 개발 과정" 참조

대상물이 특정되었으면 검색을 통해 대상물과 관련이 있는 특허 문헌을 찾아야 한다. 즉, 최초에 특정된 대상물(원 대상물)로 조사 대상이 결정되었다면 그와 관련된 특허를 찾고, 원 대상물이 분할 대상물로 나뉘었다면 각 분할 대상물에 대한 검색을 수행한다.

FTO 분석의 정확도는 대상물을 가급적 많은 특허와 비교할수록 좋아지므로 검색에서 누락되는 특허를 최소화하는 것이 바람직하다. 따라서 기본적으로는 검색에서 누락되는 특허 문헌의 개수를 줄일수록 좋지만 FTO 분석에 소요되는 비용과 시간의 제약도 고려해야 한다.

앞서 말한 바와 같이, 검색된 특허 문헌의 수는 대상물과의 비교 작업 건수와 연동이 되므로 특허조사에서 최초 검색된 특허 문헌의 개수가 2만건을 넘지 않도록 조절하는 것이 일반적이다.[39]

따라서 검색되는 특허 문헌의 개수를 적절히 조절하는 것이 필요하며, 이를 위해 다양한 방법을 고려해 볼 수 있다. 검색되는 특허 문헌의 개수를 조절할 수 있는 대표적인 방법을 아래 표에 정리하였다. 대부분 검색식으로 조절할 수 있으며, 검색식으로 조절할 수 없는 경우 일반적으로 특허 검색 엔진의 화면에서 검색 항목을 선택하여 조절할 수 있도록 되어 있다.

---

[39] 현재 상용 특허 검색 엔진은 저장할 수 있는 문헌의 수가 제한되어 있는 것을 종종 볼 수 있는데, 향후 AI가 침해 판단을 진행하는 경우에는 그러한 제한이 의미가 없을 수 있다.

종류	설명	비고
기술 키워드 한정[40]	검색 연산자 활용	and 연산자, or 연산자, 인접연산자 등
조사 지역 한정	KR, EP, US, WO,[41] JP 등	대상물을 실시할 지역 참고
조사 텍스트 한정	청구항, 발명의 설명, 요약	기술 키워드가 존재하는 텍스트 한정
출원인/양수인 한정	경쟁사명	경쟁사의 시장 지배력, 분쟁 이력 검토
문헌 공개/공고 기간	10년, 20년, 30년 등	특허 만료 기술도 볼 것인지 결정
특허 분류 코드	IPC, CPC, UPC 등	기술분야를 나타내는 특허 분류 체계
문헌 상태	현재 권리 존속 여부	등록료 납부 이력, 권리 포기 여부
문헌 종류	공개문헌, 등록문헌	등록 전 출원공개만 된 문헌도 포함할지 검토

검색식은 조사 지역에 따라 다르게 작성할 수 있다. 특허 문헌에 사용된 언어에 따라 검색되는 건수의 차이가 발생할 수도 있고,[42] 국가에 따라 검색되는 문헌의 수가 지나치게 많을 수도 있기 때문이다. 특히 중국의 경우 무심사 실용신안 제도의 운영에 따라 매년 300만건에 가까운 실용신안이 출원되고 있는데, 지나치게 권리가 좁은 실용신안 출원이 많아서 필터링 과정에서 상당수 걸러진다. 따라서 중국의 경우 타국가와 비교하여 미리 검색식을 조정할 필요가 있을 수 있다.

위 표의 내용 중 주의 깊게 살펴봐야 할 사항들을 설명한다.

---

40 여기서 기술 키워드 한정이란 후술하는 바와 같이 검색식에 기술 용어를 이용하는 것을 의미한다. 예를 들어 '칩 마운터' 검색을 수행하는 경우 '칩 마운터', '노즐', '피더' 등이 기술 키워드이다.

41 WO는 국제출원으로 지역은 아니지만 여기에 포함시켰다.

42 일본은 일본어, 중국은 중국어, 한국은 한국어를 포함한 검색식을 작성하는 것과 같이 각국 특허청의 공개 언어를 포함한 검색식을 사용하면 정확한 검색 결과를 얻을 수 있다. 그런데 많은 국가가 영어 요약문을 제공하고 있어 영어만으로 검색식을 작성하여 진행하는 경우도 있다.

2.3.1 기술 키워드 한정

(1) 기술 키워드와 검색 연산자

기술 키워드 한정은 대상물의 각 부분에 대응하는 특허 문헌을 찾기 위해 이루어지며, 이를 위해 대상물의 각 부분에 대응하는 기술 키워드를 사용한다. 예를 들어 대상물이 칩 마운터일 경우, 칩 마운터의 여러 부분, 즉 헤드, 피더, 기판 이송 장치 등과 관련된 기술 키워드를 사용하여 검색식을 구성한다.

이러한 기술 키워드들은 여러 검색 연산자로 연결하여 검색식을 구성할 수 있다. 상용 검색 엔진들은 검색식에 사용될 수 있는 다양한 연산자들을 제공하는데, 대표적으로 'or' 연산자와 'and' 연산자가 있다. 그 외에도 인접 연산자, 'not' 연산자 등이 있는데, 여기서 자세한 설명은 생략한다.

넓은 범위의 기술 키워드를 사용하더라도 중요한 특허 문헌이 검색에서 누락되는 경우가 발생할 수 있다. 특히 대상물에 비전용인 부분이 포함된 경우 이러한 상황이 자주 발생한다.

예를 들어 대상물이 칩 마운터인 경우, '기판 이송 장치'는 칩 마운터에 비전용인 부분이다. '기판 이송 장치'에 대한 특허 문헌 중에는 칩 마운터가 아닌 스크린 프린터, 리플로우 장비, 다이 본더 등 다양한 적용처에 적용이 가능한 특허 문헌들[43]이 많으며 그러한 특허 문헌들은 '칩 마운터'의 기술 키워드와 '기판 이송 장치'의 기술 키워드를 'and' 연산자로 연결한 검색식을 사용하면 검색이 되지 않을 가능성이 크다. 즉, 그 경우 해당 특허 문헌들이 누락될 위험이 있다. 그런데 대상물의 기판 이송 장치가 해당 특허 문헌의 특허를 침해한다면 곤란한 상황에 처할 수 있다.

따라서 기술 키워드 검색식을 구성함에 있어서는 여러 가능성을 염두에 두고 구성해야 하며, 특히 'and' 연산자를 신중하게 사용하여야 한다. 'and' 연산자

---

43 그러한 문헌들의 청구항에는 '칩 마운터'에 대한 기재가 없을 가능성이 크다.

는 검색 문헌의 개수를 크게 줄일 수 있지만 특허 문헌이 누락될 위험이 크므로, 'and' 연산자를 이용한다면 단일 검색식으로 진행하는 것보다 이를 보완하도록 다른 검색식들을 추가하여 특허 문헌의 누락을 최소화하는 것이 바람직하다.

(2) 분할 대상물의 경우 기술 키워드 한정

최초에 특정한 대상물에 대한 검색 문헌이 많다면 원 대상물을 여러 개의 분할 대상물로 나누는 방법을 설명한 바 있다. 앞서 설명한 바와 같이 분할 대상물로 나누는 목적은 검색 문헌의 개수를 줄이기 위한 것이므로 원 대상물에 대한 기술 키워드와 분할 대상물에 대한 기술 키워드를 'and' 연산자로 연결하여 구성할 수 있다.

설명을 위해 칩 마운터의 경우를 예로 들기로 한다. 앞서 설명한 대상물 체계 분류표에서는 분할 대상물인 피더는 전용품이고, 기판 이송 장치는 비전용품이다.

분할 대상물이 전용품인 '피더'인 경우에 '칩 마운터 and 피더' 형태의 검색식을 만들 수 있다.[44] 그러나 분할 대상물이 비전용품인 'X-Y 갠트리'인 경우에는 여러 개의 검색식 중에 '칩 마운터'를 제외하는 검색식이 적어도 하나는 있어야 한다. 이는 'X-Y 갠트리'는 칩 마운터의 전용품이 아니므로 '칩 마운터'라는 기술 키워드를 포함하는 검색식으로 검색되지 않은 특허 문헌이 있을 수 있기 때문이다.[45]

즉, 분할 대상물이 전용품인 경우에는 원 대상물의 기술 키워드와 분할 대상물의 기술 키워드가 'and' 연산자로 연결될 수 있지만, 분할 대상물이 비전용품인 경우에는 적어도 하나의 검색식은 원 대상물의 기술 키워드와 분할 대상물의 기술 키워드가 'and' 연산자로 연결되어서는 안 된다.[46]

---

44 실제 검색식은, (마운터* or 실장기* or mount* or pick*) and (피더 or 부품공급 or feeder*) 등으로 구성될 수 있다. 여기서 '*'는 절단 연산자이다.

45 앞 장에서 설명한 '기판 이송 장치'의 경우와 동일한 취지라 할 수 있다.

46 복수의 검색식을 사용할 경우, '원 대상물의 기술 키워드'와 '분할 대상물의 기술 키워드'가 'and' 연산자로 결합되지 않은 검색식이 적어도 하나 존재한다면, 나머지 검색식은 '원 대상물의 기술 키워드'와 '분할 대상물의 기술 키워드'가 'and' 연산자로 결합된 형태일 수 있다.

(3) 기술 키워드 한정 시 기술 분류표의 활용

검색되는 특허 문헌이 많아 'and' 연산자를 이용하여 기술 키워드 한정을 하더라도 가능한 한 누락되는 특허 문헌이 없도록 다양한 키워드를 선정하여 검색식을 구성하는 것이 바람직하다. 이를 위해 대상물을 특허가 있을 만한 요소로 분해하고 그 요소에 대응하는 검색식을 만드는 방법을 생각해 볼 수 있다. 대표적으로 제품의 각 구성에 대한 기술 분류를 수행하고 각 기술 분류에 따라 검색식을 작성하는 방법이 있다.

이하에서는 기술 분류표를 이용하여 검색식을 구성하는 방법을 소개한다.

여기서 '기술 분류표'는 앞서 언급한 '대상물 체계 분류표'와는 다른 개념이다. 즉, '기술 분류표'는 대상물의 각 구성의 기술을 단순히 분류한 표로서 출원이 활발한지 여부와는 관련이 없다. 그에 비해 '대상물 체계 분류표'는 대상물의 각 구성 중 출원이 활발한 부분을 중심으로 작성하여 중요 특허 문헌의 누락을 방지하고자 한 표이다.[47]

'대상물 체계 분류표'를 작성하려면 각 구성별 출원 현황에 대한 조사가 필요하지만 '기술 분류표'는 대상물의 각 구성의 구조, 기능, 작용, 제조 방법, 제어 방법 등을 바탕으로 작성할 수 있으므로 기술 지식만 있으면 비교적 쉽게 작성할 수 있다.[48] '기술 분류표'는 특허 맵이나 특허 동향 조사에서 자주 보이는 표이며, 정량분석의 기준이 되는 표이기도 하다.[49]

물론 많은 수의 특허 문헌이 검색된다면 대상물을 분할하여 FTO 분석을 해

---

47 '대상물 체계 분류표'를 이용하여 '분할 대상물'을 나누면, 각 분할 대상물에 대한 검색식을 작성하는 과정에서 '기술 분류표'를 이용하여 검색식을 작성할 수 있다.

48 기술 분류표 작성을 위해 교과서, 논문 등을 참고하여 작성할 수 있다.

49 기본적으로 대상물의 분할에는 '대상물 체계 분류표'를 사용하고, 검색식 작성을 위해서는 '기술 분류표'를 사용한다. 그러나 실무에서는 두 가지를 혼용하여 사용할 수 있다. 예를 들어 대상물의 분할에 '기술 분류표'를 사용할 수 있고, 검색식 작성을 위해서는 '대상물 체계 분류표'를 사용할 수 있다. '대상물 체계 분류표'는 특허 문헌의 출현 빈도와 관련이 있으며, '기술 분류표'는 특허 문헌의 다양성과 관련이 있다.

야 하겠지만, 앞서 말한 바와 같이 분할 대상물로 나누면 분할 대상물 외의 나머지 부분에 대해 특허 문헌의 누락 가능성이 크기 때문에 보완을 위한 추가 검색 전략이 필요하다. 아무래도 분할 대상물을 이용하게 되면 원 대상물만 이용한 경우와 비교하여 누락 특허 문헌이 발생할 가능성이 높기 때문에, 최초 특정한 대상물에 대한 특허 문헌의 개수가 분할 대상물로 나누지 않아도 되는 수준이라면 바로 기술 분류표를 이용한 검색식을 작성하여 진행할 수 있다.[50]

설명을 위해, 대상물이 식품을 분쇄하여 섞는 믹서기라고 가정해 보자. 대상물이 '믹서기 모터'나 '믹서기 케이스'와 같은 믹서기의 일부 부분이 아니고 '믹서기 전체'인 경우, 가장 많은 특허 문헌이 검색될 기술 키워드 검색식은 '믹서기 or 블랜더'[51]이다.

그러한 기술 키워드 검색식으로 검색을 해 보면 많은 수의 특허 문헌이 검색되므로[52] 적절한 한정이 필요한데 이 때 '기술 분류표'를 이용한 검색식을 작성해 볼 수 있다.

---

50 앞서 설명한 바와 같이, '대상물 체계 분류표'를 기준으로 하여 원 대상물을 분할 대상물로 나누는 이유는 검색되는 특허 문헌의 개수를 줄이기 위함이다. 이와 마찬가지로 검색식 작성에서 '기술 분류표'를 이용하는 이유는 검색되는 특허 문헌의 다양성을 유지하면서도 그 개수를 합리적인 기준으로 줄이기 위함이다. 즉, 대상물 특정에서 '대상물 체계 분류표'를 이용하여 분할 대상물로 나누고 검색식 작성에서 '기술 분류표'를 사용하는 이유는 '중요 특허 문헌의 누락을 막으면서 검색되는 특허 문헌의 개수를 줄이는 것'에 그 목적이 있다. 따라서 AI 기술이 발전하여 미리 대량의 특허 문헌을 학습하고 정확한 특허 정보를 제공할 수 있다면, 특허 문헌의 개수가 많다고 해서 '대상물 체계 분류표'와 '기술 분류표'를 사용해 그 개수를 인위적으로 조절할 필요성이 줄어들 것으로 예상된다.

51 믹서기를 의미하는 다른 검색식도 있지만, 여기서는 설명의 편의를 위해 '믹서기 or 블랜더'로 상정한다. 실제 '믹서기 믹싱* 블렌더* 블렌딩* mix* blend* liquidiz* crush*' 등의 다양한 기술 키워드를 포함할 수 있다(여기서 '*'는 절단연산자).

52 믹서기에 적용되는 부품 중에서, 믹서기뿐만 아니라 다른 장치에도 범용적으로 사용되는 비전용 부품이 있을 수 있다. 이러한 비전용 부품에 대한 특허 문헌은 '믹서기 or 블렌더'라는 검색식으로는 검색되지 않을 수 있다. 앞서 언급한 바와 같이, 그 경우 해당 비전용 부품까지 제대로 검색하려면 '믹서기 or 블렌더'를 제외하는 검색식이 적어도 하나는 필요하다.

다음은 믹서기의 기술 분류표이다.

대분류 기술	중분류 기술	소분류 기술	소분류 세부 설명
믹서기 구조(A)	칼날(AA)	칼날 구조 관련(AA1)	이중 모양, 일자 모양, 십자 모양, S자 모양, 칼날 방향 등
		칼날 소재 관련(AA2)	스테인리스, 열처리, 금속 소재, 비금속 소재, 세라믹 소재, 합금 소재, 코팅 등
	구동부(AB)	구동 모터 관련(AB1)	모터, 서보모터, 직렬모터, 병렬모터, 동력 등
		동력전달계 관련 (AB2)	축, 기어, 마찰차, 체인, 로프, 벨트 등
		구동부 설치 구조 (AB3)	베어링, 축지지 설치 구조, 구동부 세팅 구조, 진동 방지 설치 등
	용기부(AC)	믹서컵(AC1)	믹서컵 형상, 용기 소재, 크기 등
		믹서컵 뚜껑(AC2)	뚜껑 형상, 뚜껑 소재, 뚜껑 구조 등
		기밀 구조(AC3)	시일 구조, O링, 개스킷 등
	본체(AD)	용기 설치 구조(AD1)	용기 설치 구조, 용기 받침대 등
		미끄럼 방지 구조 (AD2)	미끄럼 방지 구조, 점착성 물질 등
		안전 장비(AD3)	사용자 부상 방지 구조 등
	구조 일반(AE)	명령 입출력부(AE1)	명령 입력 장치, LCD 패널 장치, 스피커 등
		전원 연결 구조(AE2)	전원 공급 구조 등
		기타 구조 일반(AE7)	위의 분류에 속하지 않은 나머지 믹서기 구조 관련
믹서기 제어(B)	구동 방법(BA)	*	효율 구동 방법, 에너지 절약 등
	모터 과열 방지 방법(BB)	*	과열 방지, 화재 방지, 냉각 장치, 온도 측정 장치 등
	사용자 안전 제어 방법(BC)	*	사용자 보호 기능, 안전 구동 방법 등
믹서기 일반(C)	*	*	위의 분류에 속하지 않은 나머지 믹서기 관련 기술

위의 기술 분류표를 이용하여 통합 검색식을 구성할 수 있다(아래 검색식 표 참조). 하기 통합 검색식은 대상물의 기술 분류를 이용하되 대분류, 중분류, 소분류 관련 기술 키워드가 'and' 연산자로 연결된 상태이다.[53]

검색식 구성 1 (대분류 이용)	검색식 구성 2 (중분류 이용)	검색식 구성 3 (소분류 이용)	통합 검색식 (and 연산자 이용)
믹서기*[54] 블랜더* 블렌더* mix* blender** liquidiz*	칼날* 블레이드* 브레이드* 날* blade* knife* edge* cutter*	이중* 일자* 십자* S자* 방향* 스테인리스* 세라믹* 금속* 비금속* 합금* 알로이* 얼로이* 코팅* double* flat* cross* direction* stainless* metal* nonmetal* alloy* coat* ceramic*	(믹서기* 블랜더* 블렌더* mix* blender* liquidiz*) and (칼날* 블레이드* 브레이드* 날* blade* knife* edge* cutter*) and (이중* 일자* 십자* S자* 방향* 스테인리스* 세라믹* 금속* 비금속* 합금* 알로이* 얼로이* 코팅* double* flat* cross* direction* stainless* metal* nonmetal* alloy* coat* ceramic*)
믹서기* 블랜더* 블렌더* mix* blender* liquidiz*	구동* 드라이브* 드라이빙* 액추에이* 엑추에이* driv* actuat*	모터* 서보* 직렬* 병렬* 동력* 축* 기어* 전동* 베어링* 설치* motor* servo* DC* AC* power* shaft* gear* transmi* bearing* install* mount*	(믹서기* 블랜더* 블렌더* mix* blender* liquidiz*) and (구동* 드라이브* 드라이빙* 액추에이* 엑추에이* driv* actuat*) and (모터* 서보* 직렬* 병렬* 동력* 축* 기어* 전동* 베어링* 설치* motor* servo* DC* AC* power* shaft* gear* transmi* bearing* install* mount*)
· · ·	· · ·	· · ·	

---

53 여기서 통합 검색식은 대분류, 중분류, 소분류 관련 기술 키워드가 'and' 연산자를 사용하여 '대분류 키워드 and 중분류 키워드 and 소분류 키워드'의 형태의 검색식이 작성되었지만 이는 단지 예시일 뿐이다. 예를 들면 '대분류 키워드 and 소분류 키워드'의 형태로도 검색식이 작성될 수 있으며, 그 외에도 다양한 검색식 조합이 가능하다.

54 여기서 '*'는 절단연산자를 의미한다. 즉, '이중*'은 '이중', '이중형', '이중모양' 등을 검색할 수 있다.

한편, 검색식 작성을 위해 작성한 기술 분류표는 FTO 분석으로 찾아낸 핵심 특허의 분류에도 활용할 수 있다. 물론 찾은 핵심 특허가 기술 분류표의 특정 항목에 속하지 않는 경우도 있을 수 있지만, 대부분은 기술 분류표의 항목으로 분류가 가능하다. 그렇게 되면 대상물의 어떤 부분에 핵심 특허가 분포하는지 쉽게 파악할 수 있다. 즉, 기술 분류표의 각 항목들에 핵심 특허가 기재되면 대상물의 부분별로 핵심 특허의 존재를 알 수 있다. 그렇게 되면 대상물의 부분별로 회피 설계를 함께 묶어서 진행할 수 있다.

2.3.2 조사 지역 한정

특허 검색이 필요한 지역은 대상물이 실시[55]되는 지역이다. 따라서 실시자가 대상물을 생산, 사용, 양도, 대여, 수입하는 지역이 특정되어야 하고, 그 지역의 특허 문헌을 조사해야 한다. 예를 들어 실시자가 대상물을 생산하는 지역이 한국이고 실시자가 해당 대상물을 판매(양도)할 지역이 미국이라면, 조사 지역에 한국, 미국을 포함해야 한다.

만약 실시자가 제품을 직접 생산하지 않고 해외에서 생산된 제품을 국내로 수입만 하는 경우에는 원칙적으로는 국내 특허만 조사하면 된다. 이 경우, 해당 제품이 생산되는 지역에 대한 특허 조사는 필요하지 않다. 그러나 해당 제품이 생산국에서 특허 침해로 소송을 당할 경우 제품 공급에 어려움이 발생할 수 있으므로 생산 지역에 대해서도 특허 조사를 하는 것이 바람직하다.

또한 만약 미국에서 생산한 부품으로 해외에서 조립하여 완제품을 만드는 경우, 완제품에 대한 특허가 미국에 있다면 특허 침해가 발생할 수도 있다.[56] 따라서 그 경우에는 조사 지역에 미국을 포함하여야 한다.

---

55   한국 특허법 제2조 제3호 '실시'의 정의 참조
56   미국 특허법 제271조 (f)항, WesternGeco v. ION Geophysical 사건

2.3.3 출원인/양수인 한정

출원인과 양수인에 대한 한정은 경쟁사와 관련된 매우 중요한 한정이다. 특히 양수인은 해당 특허의 최종 권리자이므로 그 중요도가 높다.[57] FTO 분석의 주요 목적이 특허 침해 이슈를 방지하는 것이므로, 침해를 주장할 가능성이 있는 경쟁사의 특허 문헌을 집중적으로 검색하여 분석하는 것은 효과적인 전략이다.

특히 해당 기술 분야가 나타난 지 얼마 되지 않았고, 기술 발전이 비교적 초기 단계에 있어 기술 키워드 한정을 할 필요가 없을 정도로 특허 문헌의 개수가 적다면, 경쟁사 한정을 통한 검색은 매우 강력하다. 분석자는 특정된 경쟁사의 전체 특허 문헌들을 대상물과 비교하여 특허 침해 여부를 판단함으로써 특허 이슈를 효과적으로 방지할 수 있다.

또한 제품 판매 지역이 한정적이고 해당 업계에서 경쟁자가 제한적인 경우에 처음부터 경쟁사를 한정하여 FTO 분석을 수행하는 경우도 있다.

한편, 특별한 이유로 경쟁사를 한정하는 경우가 있다. 예를 들어 완제품을 제조하는 기업에 부품을 납품하는 협력업체가 여럿 있는 경우, 완제품 제조 기업은 협력업체 간의 특허 분쟁을 미리 방지하기 위해 각 협력업체의 납품 제품에 대해 상호 FTO 분석을 요청할 수 있다. 그 경우 각 협력업체는 경쟁사가 명확하므로, 해당 경쟁사의 보유 특허 문헌에 대해 철저히 조사할 수 있다.[58]

일반적으로 FTO 분석을 의뢰한 사람은 주요 경쟁사에 대한 정보를 잘 알고 있다. 특히 의뢰인이 연구 개발을 수행하는 경우, 업계 동향에 대한 이해가 높기 때문에 경쟁사 명칭을 특정하는 데 유리하다.[59] 또한 의뢰인이 경쟁사의 라

---

57 여기서 출원인뿐만 아니라 양수인을 조사하는 이유는 경쟁사가 특허출원 또는 등록된 특허를 양수하는 경우가 종종 있기 때문이다.

58 이 경우 협력업체 사이의 견제가 치열하므로, 가능하다면 경쟁사가 보유하고 있는 특허 문헌에 대한 전수조사가 바람직하다.

59 발명자 명칭도 이용하기도 하는데, 이용도는 낮다.

이선스 정보를 알고 있다면 알고 있는 라이선스 정보를 이용하여 경쟁사 명칭을 보완할 수 있다. 예를 들어 '경쟁사가 A대학의 특허를 라이선스하여 제품을 제조하고 있다'는 사실을 알고 있다면 A대학도 당연히 경쟁사에 포함시켜 검색을 해야 한다.

출원인/양수인 명칭으로 검색식을 만들고자 할 때는 해당 회사의 연혁을 조사하여 사용하였던 모든 명칭에 대해 검토해야 한다. 또한 시장에서 통용되는 경쟁사 명칭과 특허 출원 시 사용되는 경쟁사 명칭이 다를 수 있으므로 주의해야 한다. 특히 기업의 명칭은 인수/합병 등의 이유로 변경될 수 있으니 경쟁사 명칭을 누락시키지 않도록 주의해야 한다.

검색식에 '기술 키워드'와 '출원인/양수인 명칭'을 'and' 연산자로 연결하여 검색을 진행할 수 있는데, 앞서 말한 바와 같이 경쟁사 특허 문헌의 전수 조사의 경우 검색식에 출원인/양수인 명칭만을 포함시켜 검색을 진행할 수 있다.

2.3.4 특허 분류 한정

특허 분류를 검색식에 포함시켜 특허 문헌의 개수를 조절할 수 있다. IPC, CPC, UPC 등의 특허 분류를 'and' 연산자로 연결하여 검색식에 포함시키면 그만큼 특허 문헌의 개수를 줄일 수 있다.

이러한 방식들은 검색식을 한정해서 특허 문헌의 수를 줄이는 것이므로 앞서 언급한 한정 사항들과 함께 적용할 수도 있다. 예를 들어 기술 키워드, 경쟁사 명칭, 특허 분류 등을 조합하여 검색식을 구성할 수 있다.

2.3.5 문헌 종류 한정

검색되는 특허 문헌을 현재 유효한 등록 특허로 한정하게 되면 검색 건수가 줄어 빠른 조사가 가능하지만, 일반적으로는 등록 특허 문헌뿐만 아니라 공개 특허 문헌, 존속기간이 만료되거나 포기된 특허 문헌도 포함하여 검색한다.

공개 특허 문헌의 경우 심사 중이거나 심사 대기 중인 건들이 중요한데, 심사 후 등록이 되면 특허권을 가지게 되므로 주의 깊게 살펴봐야 한다.[60]

검색되는 특허 문헌에 만료되거나 포기된 특허 문헌도 포함시켜야 하는지, 만약 포함시킨다면 어떤 점이 유리한지에 대해 좀 더 구체적으로 설명한다.

(1) 존속기간 만료된 특허 문헌이 핵심 특허의 무효자료가 될 수 있음

특허 침해 이슈가 발생할 수 있는 핵심 특허를 찾았다고 가정해 보자. 만약 해당 핵심 특허와 동일하거나 유사하며 그 출원일보다 앞서 공개되었고 현재 존속기간이 만료된 특허 문헌이 발견되었다면, 그러한 특허 문헌은 해당 핵심 특허를 무효화할 수 있는 중요한 무효자료가 될 수 있다. 또한 그러한 특허 문헌이 핵심 특허를 무효화할 정도로 동일하거나 유사한 특허 문헌이라면 핵심 특허를 라이선스하는 경우 라이선스 협상에서 유리한 위치를 차지할 수 있는 근거가 될 수 있다. 따라서 그러한 특허 문헌을 찾았다면 반드시 검토할 문헌에 포함시켜야 하며 추가적인 인용 분석을 통해 더 많은 정보도 얻을 수 있다.

(2) 현재 유효하지 않은 특허의 활용 가능성

등록료 미납 등으로 포기되거나 존속기간 만료된 특허는 누구나 사용할 수 있는 것으로 알려져 있지만 반드시 그런 것은 아니다.

예를 들어 포기되거나 존속기간이 만료된 특허를 A특허라고 할 때, A특허와 동일한 발명이 현재 유효한 다른 특허인 B특허에 있다면, B특허의 특허권자나 전용실시권자의 허락없이 A특허를 실시할 경우 B특허를 침해할 가능성

---

60 일반적으로 등록 특허는 심사를 거치면서 보정 등에 의해 공개 특허보다 권리 범위가 좁아진다.

이 존재한다.[61]

따라서 포기되었거나 존속기간이 만료된 기술만을 찾아 안전한 실시 범위를 확정하려는 시도는 큰 의미가 없을 수 있다. 특히 기계나 전기 장치와 같은 분야에서는 다양한 변형이 존재하기 때문에 포기되었거나 존속기간이 만료된 기술을 찾았다 하더라도 그 기술을 포함하는 유효한 핵심 특허가 여전히 존재한다면 특허 침해를 피하기 어려운 경우가 많다. 그러므로 포기되었거나 존속기간이 만료된 기술을 찾았다 하더라도 이를 자유롭게 사용할 수 있다고 확신할 수 없으며 특허 침해를 피하기 위해서는 실시 전에 충분한 추가 조사가 필요하다.

다만, 중요한 의약품 특허와 같이 관련 업계의 관심이 많아 해당 특허의 존속기간의 만료만 기다리는 경우나 주변 특허의 분석이 이미 충분히 이루어져 해당 특허의 존속기간 만료 후 해당 특허의 기술을 사용하여도 문제가 없다고 판단되는 경우에는 존속기간이 만료된 기술만 찾는 FTO 분석의 의미가 있을 수 있다.

(3) 포기되거나 존속기간이 만료된 특허권의 패밀리건을 주의해야 함

미국에서 등록유지료 미납으로 포기된 특허가 있는 경우, 그와 달리 해당 특허의 한국 패밀리건은 등록료를 제때 납부하여 권리가 유지되고 있는 상태일 수 있다. 이는 특허권자의 판단에 따라 지역별로 권리 유지 계획이 달라질 수 있음을 의미한다. 따라서 핵심 특허에 패밀리건이 있는 경우 패밀리건의 권리 상태를 주의 깊게 살펴야 한다.

또한 국가별로 심사 기간이 다를 수 있고 특허 종류에 따라 허가가 필요해 심

---

61 A특허의 공개일 후에 B특허의 출원이 이루어진 경우 B특허는 신규성/진보성의 불비로 무효사유가 있을 수 있지만 무효 심판에 의해 무효가 되기 전까지는 B특허는 유효하다. 즉, 일반적으로 그 권리에 무효사유가 있어도 당연무효가 되지 않는다. 다만 무효심결이 확정되기 전이라고 하더라도 특허가 무효로 될 것이 명백한 경우에는 특허권에 기초한 침해금지 또는 손해배상의 청구는 권리남용에 해당하여 허용되지 않을 수 있다(대법원 2012.1.19. 선고 2010다95390 전원합의체 판결).

사가 지연되는 경우가 있는데 그 경우 존속기간이 연장될 수 있다.[62] 예를 들어 한국에서는 특허가 만료되었는데 미국에서는 여전히 특허가 유효한 경우가 존재할 수 있으므로 판단에 주의해야 한다.

2.4　특허 침해 판단: 대상물의 실시가 검색된 특허를 침해하는지 판단함

대상물이 특정되고 관련 특허 문헌들이 검색되면, 대상물과 특허 문헌들의 청구항들을 비교하여 침해 여부를 판단하고 핵심 특허를 선별해야 한다.

침해 여부의 판단 기준은 각 국가의 침해 판단 기준에 따른다. 예를 들어 한국에서 실시하는 경우 한국의 침해 판단 기준에 따르고, 미국에서 실시하는 경우에 미국의 침해 판단 기준을 따른다.

이제 특허 침해 판단의 기준에 대해 설명한다. 우선 한국의 특허 침해 판단 기준을 중심으로 설명하고, 외국의 침해 판단 기준 중 이슈가 되는 부분은 비교법적인 관점에서 살펴보기로 한다.

2.4.1 특허 침해 판단 기준

(1) 문언 침해(Literal Infringement)

문언 침해는 구성요소 완비의 원칙(All Element Rule)에 따라 판단한다. 구성요소 완비의 원칙은 가장 기본이 되는 침해 판단 기준으로서, 청구항에 기재된 모든 구성요소를 침해품이 구비하고 있어야 특허 침해에 해당한다는 원칙이다.

62　미국 특허법 제154조와 제156조 참조

(2) 균등 침해(Doctrine of Equivalents)

균등 침해는 널리 알려진 개념으로서, 침해품의 구성요소가 특허발명과 문언적으로 동일하지 않더라도 균등하다고 볼 수 있는 경우에는 침해를 인정한다는 이론이다. 균등 침해의 판단 기준은 국가마다 다르며, 대부분 국가에서 판례를 통해 인정되고 있다. 균등 침해를 해석하는 여러 판단 기준이 있지만 내용이 많으므로 자세한 설명은 생략한다.

(3) 간접 침해(Indirect Infringement)

간접 침해란 직접 침해에 대한 유도 또는 기여 행위로서 직접 침해가 일어나는 데에 불가결한 행위를 말한다. FTO 분석에서는 대상물이 특허의 구성 중 일부만을 실시하는 경우 간접 침해의 가능성을 검토해야 한다. 특히 특허가 완제품에 대한 것이고 침해자가 부품을 실시하고 있을 때 소정 요건을 만족하면 간접 침해에 해당할 수 있다.

한국 특허법에서 간접 침해에 대한 규정은 제127조에 규정되어 있다.

한국에서의 간접 침해는 침해 대상의 특허발명이 물건인지 방법인지에 따라 나뉜다. 특허가 물건의 발명인 경우에 그 물건의 생산에만 사용하는 물건을 생산·양도·대여 또는 수입하거나 그 물건의 양도 또는 대여의 청약을 하는 행위를 말하며(특허법 제127조 제1호), 특허가 방법의 발명인 경우에 그 방법의 실시에만 사용하는 물건을 생산·양도·대여 또는 수입하거나 그 물건의 양도 또는 대여의 청약을 하는 행위를 말한다(특허법 제127조 제2호).

일본에서는 일본특허법 제101조에 규정되어 있고, 중국에서는 전리법에 간접침해에 대한 규정은 없지만 판례를 통해 간접 침해를 인정하고 있다.

간접 침해는 미국에서는 유도 침해(induced infringement)와 기여 침해(contributory infringement)라고 불리운다.

유도 침해는 미국 특허법 제271조(b)에 규정되어 있는데, 유도 침해의 성립 요건은 여러 판결들에 의해 구체화되어 왔다. 유도 침해는, i) 직접 침해가 있었고, ii) 유도행위가 있었으며, iii) 직접 침해 행위를 유도하려는 인식이 있어야 인정되는데, 미국 연방대법원은 Global-Tech 판결을 통해 '특허 침해에 대해 실제로 알고 있었던 경우는 물론이고 이러한 인식을 의도적으로 회피(willful blindness)한 경우에도 침해 인식이 있는 것으로 인정될 수 있다'고 판단함으로써, 주관적 인식 요건의 인정 범위를 확장하였다.[63]

기여 침해는 미국 특허법 제271조(c)에 규정되어 있는데, 기여 침해가 되려면 i) 직접 침해가 있었고, ii) 기여 침해자는 자신의 부품이 완제품을 위해 적용된 것임을 인식하고 있어야 하며, iii) 해당 부품이 전용품일 것을 요한다. 미국연방순회항소법원은 2006년에 DSU Medical 판결을 통해 해당 기여행위가 '미국 내에서' 발생해야 기여 침해가 인정된다는 지역적 제한을 부가하기도 하였다.[64]

(4) 이용 침해

(가) 이용 관계

이용 관계란 후출원 특허가 선출원 특허의 모든 구성을 포함하고 그에 더하여 추가적인 기술적 요소를 포함하는 경우를 의미한다. 예를 들어 선출원 특허가 A+B의 구성을 가지고 있고, 후출원 특허가 A+B+C로 이루어져 있으면, 이용관계가 성립될 수 있다. 그러한 경우 후출원 특허를 실시하려면 선출원 특허 권자의 허락을 얻어야 하며, 허락 없이 실시할 경우 이용 침해에 해당하게 된다.

이용 침해는, 한국, 일본, 프랑스에서 특허법에 규정되어 있고, 미국, 독일에서는 명문의 규정은 없지만 역시 인정하고 있다.[65]

---

63 이승헌, "미국특허간접침해와 그 대응방안", 리걸타임즈, 2018.10.10, 2024년 11월 2일 검색, https://www.legaltimes.co.kr/news/articleView.html?idxno=42566

64 상게서

65 손창호, "특허침해에 있어서의 이용발명에 관한 연구", 충남대학교 석사학위논문, 2003년 8월. p.10~13.

한국 특허법 제98조는 이용, 저촉 침해에 대해 기재되어 있는데 특허를 보유하고 있더라도 그 보유 특허의 출원 전에 출원된 타인의 특허를 이용한다면 타인에게 허락을 받아야만 실시할 수 있다.

> **제98조(타인의 특허발명 등과의 관계)** 특허권자·전용실시권자 또는 통상실시권자는 특허발명이 그 특허발명의 특허출원일 전에 출원된 타인의 특허발명·등록실용신안 또는 등록디자인이나 그 디자인과 유사한 디자인을 이용하거나 특허권이 그 특허발명의 특허출원일 전에 출원된 타인의 디자인권 또는 상표권과 저촉되는 경우에는 그 특허권자·실용신안권자·디자인권자 또는 상표권자의 허락을 받지 아니하고는 자기의 특허발명을 업으로서 실시할 수 없다.

즉, 특허를 보유하고 있어도 선출원 특허와 이용 관계이면 이용 침해에 해당되고 이는 균등한 발명을 이용하는 경우에도 해당된다.[66] 이용 침해에 해당되는 경우 한국 특허법 제138조에 따라 통상실시권 허락의 심판을 청구할 수 있고, 일본 특허법 제92조에서도 역시 통상실시권의 허락에 대한 협의를 요청할 수 있도록 규정하고 있다.

일반적인 침해 분석에서 이용 침해를 판단하는 일은 많지 않다. 그러나 앞서 언급한 바와 같이, 직접 제품을 양산하지 않는 연구소나 대학 등이 의뢰한 FTO 분석에서 보유 특허를 대상물로 특정하는 경우에는 이용 침해에 대한 판단이 필요하게 된다.

대상물을 실시하려는 사람은 자신이 보유하고 있는 특허를 실시할 때도 안심해서는 안 된다. 대상물 실시에 보유 특허의 실시가 예정되어 있다면 FTO 분석 시 반드시 이용 침해를 고려해야 한다.

(나) 조약우선권과 이용 침해

한편, 조약우선권과 이용 침해에 대해서는 특허법에 익숙한 변리사도 혼동

---

66 대법원 1995.12.5. 선고 92후1660 판결

이 될 수 있는데, 이를 자세히 설명한다.

제품에 대한 특허권이 없는 상태인데 FTO 분석으로 침해 위험이 있는 특허를 발견했다고 가정하자. 그러한 경우 침해 판단이 명확하며, 특허 이슈를 방지하기 위해 미리 회피설계, 라이선스 시도 등을 진행할 수 있다.

그런데 제품에 대한 특허권이 있는 경우는 어떻게 될까? 특허권자는 보통 보유 특허는 독점적으로 실시할 수 있다고 생각하고 적극적으로 제품을 제조하고 판매한다. 그런데 어느 날 타인으로부터 이용 침해에 해당하니 특허를 침해하지 말라는 경고장을 받는다.

이용 침해에서 이용 관계의 시간적 판단은 등록일이 아니라 출원일에 따라 이루어진다.[67] 즉, 이용 관계는 출원일을 기준으로 판단한다. 예를 들어 2020년 6월 1일에 한국에서 출원하고 2022년 1월 2일에 등록된 A특허와, 2020년 5월 1일에 한국에서 출원하고 2024년 3월 5일에 등록된 B특허가 있다고 가정할 때, A특허는 B특허보다 먼저 등록이 되었지만 출원일이 더 늦기 때문에 A특허와 B특허가 이용관계라면 A특허가 B특허를 이용 침해하게 된다.

이번에는 조약우선권이 관련된 다른 사례를 살펴본다.

2020년 6월 1일에 한국에서 출원된 C특허가 있다고 가정하자. 한편 2019년 8월 1일에 미국에서 출원된 D출원으로 조약우선권을 주장하면서 2020년 7월 1일에 한국에서 출원되어 등록된 E특허가 있다고 가정하자. C특허와 E특허가 이용관계라면 C특허가 E특허를 이용 침해하는지 살펴보자.

이 경우 한국 출원일의 기준으로는 C특허(출원일: 2020년 6월 1일)가 E특허(출원일: 2020년 7월 1일)를 앞선다. 그렇다면 C특허는 E특허를 이용 침해하지 않는다고 판단할 수 있는가? 결론을 말하자면, '아니다'이다. 이 경우에도 역시 C특허는 E특허를 이용 침해하게 된다.

---

67   특허법 제98조 참조

이유는 파리조약에 있다. 파리조약 제4조B는, "b. 따라서 위에 언급된 기간의 만료전에 타 동맹국에 낸 후출원은 그 기간 중에 행하여진 행위, 특허, 타출원, 당해 발명의 공표 또는 실시, 당해 의장으로 된 물품의 판매 또는 당해 상표의 사용으로 인하여 무효로 되지 아니하며 또한 이러한 행위는 제3자의 권리또는 여하한 개인 소유의 권리를 발생시키지 아니한다. 우선권의 기초가 되는 최초의 출원일 전에 제3자가 취득한 권리는 각 동맹국의 국내 법령에 따라 유보된다"라고 규정하고 있다. 이러한 조항에 따라, 특허권의 효력이 미치지 아니하는 범위(특허법 제96조 제1항), 이용·저촉관계(특허법 제98조), 선사용권(특허법 제103조), 디자인권 존속기간 만료 후의 통상실시권(특허법 제105조), 생산방법의 추정(특허법 제129조), 정정심판(특허법 제136조), 출원공개의 기산일(특허법 제64조 제1항)및 실체보정기간(특허법 제47조) 등에 있어서도 판단시점이 소급되어 적용된다.[68]

따라서 E특허의 한국 출원일이 C특허의 한국 출원일보다 늦어도 조약 우선권주장의 기초가 되는 원출원인 D출원의 출원일이 C특허의 출원일보다 앞서기때문에 C특허는 E특허를 이용 침해하게 된다.

(5) 권리 제한 사항

특허권에는 여러 가지 권리 제한 사항이 존재한다. 따라서 대상물이 선별된핵심 특허를 침해한다고 생각되더라도 다음의 권리 제한 사항을 면밀히 살펴봐야 정확한 침해 판단이 가능하다.

(가) 특허 유지료 납부 등 권리 상태 검토

검색된 특허 문헌이 등록 특허인 경우, 그 등록 특허가 현재도 유효한 상태인지 검토가 필요하다. 때때로 여러 이유로 권리가 포기되거나 특허 유지료를미납하여 권리가 소멸된 경우가 있을 수 있다.

---

68 김현호, "조약우선권제도", IP Column 지식재산강의 Volume 33 Issue 9, 한국발명진흥회, 2008, p.66~75.

현재 특허 유지료의 납부 여부는 각국 특허청 사이트의 특허 유지 현황에서 확인할 수 있다.

(나) 출원경과 금반언의 원칙(Prosecution History Estoppel)

금반언은 특허권의 제한에 중요한 요소이다. 출원, 심사, 등록 과정에서 있었던 일들은 특허권의 권리에 영향을 미친다. 즉, 출원, 심사, 등록 과정에서 특허권의 권리 범위에 대해 언급을 한 경우, 특허권의 행사는 그 언급 내용에 구속된다.

특히, 특허 출원부터 특허 등록까지의 과정에서 특정한 사항에 대하여 제한적 권리 범위를 주장하여 특허를 등록받은 특허권자는, 나중에 그 특허를 행사할 때 자신이 주장했던 내용과 반대로 자기 특허의 권리 범위를 넓게 해석하여 제3자의 실시 형태가 자기 특허의 권리 범위에 속하는 균등물로서 특허권 침해에 해당한다고 주장하는 것이 허용되지 않는다.[69]

따라서 FTO 분석에서 핵심 특허가 정해지면 출원경과 금반언의 원칙의 적용을 위해 핵심 특허의 포대(file wrapper)를 면밀히 분석해야 할 필요가 있다.

(다) 선사용권(Prior user rights)

특허 출원 시에 그 발명의 내용을 알지 못하고 그 발명을 하거나, 그 발명을 한 사람으로부터 알게 되어 국내에서 그 발명의 실시 사업을 하거나 이를 준비하고 있는 자는 그 실시하거나 준비하고 있는 발명 및 사업 목적의 범위에서 해당 특허에 대해 통상실시권을 가진다(특허법 제103조).

침해 판단을 할 때 종종 선사용권의 적용에 대해 판단이 필요한 경우가 있다. 아래 표에 기재된 바와 같이, 선사용권이 인정된다면 한국과 일본은 통상실시권을 요청할 수 있으며, 미국과 중국은 침해에 대한 항변 또는 침해에 대한 예

---

69 권인희, "특허분쟁에서의 신의성실원칙의 적용 – 출원경과 금반언의 원칙을 중심으로 –", 홍익법학 17, no.1 (2016) : p.681. doi: 10.16960/jhlr.17.1.201602.677

외 규정을 주장할 수 있다.[70]

국가	선사용권 조항	해결 방안
한국	특허법 제103조	통상실시권 부여
미국	특허법 제273조(a)	침해 주장에 대한 선사용권 항변
유럽	없음	없음
일본	특허법 제79조	통상실시권 부여
중국	전리법 제75조	특허침해 예외 규정

(라) 자유실시기술의 항변

자유실시기술의 항변은 권리자가 문언침해나 균등침해를 주장할 때 피고가 자신이 실시하는 기술은 공지기술에 불과하거나[71] 공지기술로부터 용이하게 도출될 수 있기 때문에[72] 특허 침해에 해당하지 않음을 주장하는 항변이다.

여기서, 공지기술은 침해를 주장하는 권리자의 특허 출원 전에 공지된 기술을 의미한다. 공지기술이 특허문헌이나 논문인 경우, 각각 특허검색과 논문검색을 통해 찾아낼 수 있다. 그러나 공지기술이 실물 제품이나 오래된 카탈로그, 제품 사양서 또는 설명서 등일 경우, 해당 기술 분야에 오래 종사한 전문가도 찾기 어려울 수 있다. 따라서 FTO 분석 의뢰인이나 의뢰인의 피고용인 중 이러한 자료에 대해 잘 아는 사람이 있다면, 이를 분석에 활용하는 것이 좋다.

한국은 문언 침해와 균등 침해를 가리지 않고 자유실시기술의 항변이 가능

---

70 이창훈 외 3인, "국제특허분쟁대응 표준 Manual", 과학기술정보통신부 및 한국전자정보통신산업진흥회, 2018, p.74.

71 공지기술 대비 신규성 불비 주장

72 공지기술 대비 진보성 불비 주장

하지만,[73] 독일, 일본, 미국 등에서는 문언 침해의 경우에는 자유실시기술의 항변을 허용하지 않는다.[74] 따라서 한국에서의 특허 침해 판단 시에는 자유실시기술의 항변을 적극적으로 고려하여야 하지만, 한국 외에서의 특허 침해 판단 시에는 자유실시기술의 항변이 통하지 않을 수 있으니 판단에 주의해야 한다(하기 표 참조).

국가	자유실시기술의 항변 인정 여부	적용되는 침해 유형	공지기술 대비 판단 기준
한국	인정	문언침해 인정 균등침해 인정	신규성 불비 진보성 불비
미국[75]	제한적 인정	문언침해 불인정 균등침해 인정	신규성 불비 진보성 불비
독일[76]	제한적 인정	문언침해 불인정 균등침해 인정	신규성 불비 진보성 불비[77]

---

73 대법원 2017.11.14. 선고 2016후366 판결, "권리범위확인심판에서 특허발명과 대비되는 확인대상발명이 공지의 기술만으로 이루어진 경우뿐만 아니라 그 기술분야에서 통상의 지식을 가진 자가 공지기술로부터 쉽게 실시할 수 있는 경우에는 이른바 자유실시기술로서 특허발명과 대비할 필요 없이 특허발명의 권리범위에 속하지 않는다고 보아야 한다. 이러한 방법으로 특허발명의 무효 여부를 직접 판단하지 않고 확인대상발명을 공지기술과 대비하여 확인대상발명이 특허발명의 권리범위에 속하는지를 결정함으로써 신속하고 합리적인 분쟁해결을 도모할 수 있다. 자유실시기술 법리의 본질, 기능, 대비하는 대상 등에 비추어 볼 때, 위 법리는 특허권 침해 여부를 판단할 때 일반적으로 적용되는 것으로, 확인대상발명이 결과적으로 특허발명의 청구범위에 나타난 모든 구성요소와 그 유기적 결합관계를 그대로 가지고 있는 이른바 문언침해(literal infringement)에 해당하는 경우에도 그대로 적용된다."

74 정차호, "권리범위확인심판 및 침해소송에서의 공지기술의 항변 및 자유실시기술의 항변", 성균관법학 27, no.3, 2015: p.271~303. doi: 10.17008/skklr.2015.27.3.009

75 상게서, p.281~284.

76 상게서, p.278~279.

77 김관식, "특허권의 문언침해와 자유실시기술 항변의 허부", 사법 1, no.41, 2017: p.341, doi: 10.22825/juris.2017.1.41.008.

일본	제한적 인정	문언침해 불인정[78] 균등침해 인정	신규성 불비 진보성 불비
중국	제한적 인정	특허법 제67조 현유기술의 항법 문언침해 불인정[79]	신규성 불비(실질적 동일)[80]

(마) 표준특허의 권리 행사 한계

표준특허(standard essential patent)란 기술표준에 필수적으로 포함되는 특허로서, 기술표준 채택에 있어서는 FRAND(fair, reasonable and non-discriminatory)나 RAND(reasonable and non-discriminatory) 조건을 요구하게 된다.

표준특허에 독점권을 부여하게 되면 경쟁 사업자들의 시장 진입 자체가 봉쇄되는 결과를 초래하므로, 기술 표준 채택에 있어 FRAND 선언을 요구함으로써 표준특허의 독점을 방지하여 경쟁사업자들이 표준특허를 합리적인 조건 하에서 자유롭게 실시할 수 있도록 할 필요가 있다. 여러 표준화기구(standard setting organization)는, 기술 표준 채택 과정에서 기술 표준에 포함되는 특허의 권리자에게 FRAND 조건하에 임의의 제3자에게 당해 특허를 실시 허락할 것을 보증 내지 확약하도록 요구하고, 특허권자가 이를 수락하는 경우에 비로소 그 특허를 기술표준으로 채택하게 된다.[81]

표준특허의 경우 침해금지청구권의 행사를 할 수 있는지에 대해 각국의 법원들은 표준 특허권자의 침해금지청구권 행사 가능성을 부정하지는 않지만 실제로는 표준특허에 근거한 침해금지 청구권의 행사를 인정하는 데 다소 소극적인 입장으로 보인다.[82]

---

78 상게서, p.341~342.
79 정차호(2015), 전게서, p.279.
80 김관식(2017), 전게서, p.344.
81 송재섭, "표준특허에 근거한 권리행사의 한계 - 침해금지청구권과 손해배상청구권을 중심으로 -", 저스티스 140, 2014 : p.211~212.
82 상게서, p.226.

따라서 핵심 특허가 표준특허인 경우는 각 사안을 고려하여 각국의 판례에 따라 판단하여야 한다. 만약 대상물이 표준특허인 핵심 특허를 침해할 가능성이 높고 회피설계도 불가능하다면 표준특허권자에게 소정의 실시료를 지급하는 방안을 고려할 수 있다.

2.4.2 특허 침해 판단으로 핵심 특허를 선별함

(1) 특허 침해 판단을 누가 할 것인가?

FTO 분석자는 검색된 특허 문헌을 살펴보면서 대상물과의 동일성을 판단한다. 특허의 권리범위 해석은 원칙적으로 청구항으로 해석하고, 청구항만으로 해석이 어려운 경우 명세서의 내용을 참작한다는 기준[83]에 따라 특허 침해 판단을 할 수 있다.

특허 침해 판단은 검색된 특허 문헌과 대상물을 비교하는 단순한 작업으로 보일 수 있지만, FTO 분석의 가장 어려운 부분 중 하나이다. 즉, 검색된 특허 문헌들의 내용을 면밀히 검토하고, 각 특허의 구성요소들이 대상물에 존재하는지 파악해야 한다. 그런데 검색된 특허의 구성요소를 파악하는 것은 비교적 쉬운 반면, 그 구성요소에 대응하는 구성들이 대상물에 존재하는지를 파악하는 것은 쉽지 않다.

특히 대상물에 대해 지식이 많은 사람이 FTO 분석을 직접 수행하면 침해 판단이 상대적으로 수월하지만, 대부분의 FTO 분석은 기술 비교를 바탕으로 한 법적인 '특허 침해 판단'이 중요하다. 따라서 특허 침해 이론과 판례에 밝은 변리사나 변호사가 FTO 분석을 수행하는 것이 일반적이다.[84]

변리사나 변호사는 법적인 특허 침해 판단뿐만 아니라 대상물과 관련된 기

---

83   대법원 2007.11.29. 선고 2006후1902 판결 등 참조
84   향후 AI가 침해 판단을 정확히 수행할 정도로 개발된다면 의뢰인이 AI와 소통하며 핵심
      특허를 선별할 수 있다.

술 분야에 기술 지식이 있을 수 있으나, 해당 대상물에 대한 세부적인 지식은 해당 대상물에 대해 잘 아는 사람으로부터 도움을 받아야 알 수 있는 경우가 대부분이다.[85] 특히 기술 내용이 복잡하고 고도화된 경우, 단순히 제품을 분해하거나 도면을 보는 것으로는 대상물에 대한 일부의 정보만 얻을 뿐 특허 침해 판단을 하기에는 부족한 경우가 많다.

따라서 가장 효과적인 방법은 대상물에 대해 지식이 많은 사람(개발자 등)[86]과 분석자(변리사 또는 변호사)가 함께 특허 문헌을 검토하고 침해를 판단하는 것이다. 그러나 시간과 공간 등의 제약으로 직접 협업하기 어려울 경우, 개발자와 분석자 간의 많은 상호 피드백을 통해 특허 침해 판단의 정확도를 높이는 것이 바람직하다.

이상의 내용은 FTO 분석을 의뢰하는 사람이 대상물의 개발자이거나 대상물의 개발자를 고용하고 있어서 해당 대상물에 대한 지식이 충분하다는 전제로 설명을 한 것이다. 만약 FTO 분석을 의뢰하는 사람이 해당 대상물을 잘 모르는 경우, '대상물이 어떤 구성을 가지고 있을 것이다'라는 가정에 기반해 침해 판단이 이루어지므로 FTO 분석의 정확도가 떨어지게 된다.

예를 들면, 의뢰인이 대상물에 대한 지식이 부족한 수입업자로서 수입할 대상물에 대해 FTO 분석을 의뢰하는 경우나, 의뢰인이 투자 등의 목적으로 타인의 제품에 대해 FTO 분석을 의뢰하는 경우[87] 등에는 대상물에 대한 지식이 부족해 특허 침해 판단에 어려움이 있을 수 있다. 그러한 경우에는 대상물에 대한 충분한 이해를 위해 대상물과 관련이 있는 사람에게 도움을 요청하거나 관련 전문가에게 도움을 받는 것이 좋다.

---

85 '해당 기술 분야에 대한 지식'을 많이 알고 있는 것과 '해당 대상물에 대한 지식'을 많이 알고 있는 것은 다르다.

86 대상물에 대한 지식이 많은 사람이 개발자로 한정되는 것은 아니지만, 이하에서는 설명의 편의를 위해 '개발자'로 통칭하기로 한다.

87 투자받는 회사의 입장에서는 자기 회사의 제품에 특허 이슈 등의 문제점이 발견되면 기업 지분 가치에 영향을 줄 수 있으므로 협조에 적극적이지 않은 경우가 있다.

(2) 대상물의 2차 특정

(가) 2차 특정의 개념

'2.2.2.1 대상물의 특정'에서는 대상물의 특정이 특허 문헌의 검색 전에 이루어지는 1차 특정과 특허 문헌의 검색 후에 이루어지는 2차 특정으로 나누어진다고 설명한 바 있다. 이러한 대상물의 '2차 특정'은, 침해 판단을 수행하는 사람이 검색된 특허 문헌의 내용을 분석하고 대상물과 비교를 하는 과정에서 특허 침해 판단을 하기 어려운 경우에 수행된다.[88]

대상물의 2차 특정 시, 특허 침해 판단을 하는 사람은 검색된 특허의 구성요소가 대상물에 있는지에 대해 개발자[89]의 의견을 참고하여 특허 침해 판단을 한다.

그 경우 침해 판단을 하는 사람은, 개발자에게 검색된 특허의 주요 구성(특허의 청구항에 기재되어 있음)에 대해 충분히 설명하고, 그러한 주요 구성과 동일하거나 유사한 부분이 대상물에 존재하는지 질문한다. 그러면 개발자는 그러한 주요 구성과 동일하거나 유사한 부분이 대상물에 존재하는지를 본격적으로 조사하게 된다.

대상물이 간단한 구조와 기능을 가지는 경우에는 2차 특정이 필요하지 않을 수 있지만, 대부분의 경우 대상물은 '2차 특정'이 필요하다. 이러한 '2차 특정'은 검색된 특허 문헌에 의해 촉발된다는 점에서 자발적으로 이루어지는 '1차 특정'과 구별된다. 즉, 검색된 특허 문헌들을 분석하는 과정에서 비로소 대상물에 대한 '2차 특정'의 필요성이 드러난다.

좀 더 구체적인 예를 들어 보겠다.

---

88 대상물의 1차 특정 내용에 비해 검색된 특허 문헌의 청구항에 기재된 내용이 더 세부적으로 기재되어 있어 자세한 비교가 어려운 경우가 많다.

89 앞서 언급한 바와 같이, 여기서 개발자는 '침해 분석이 가능할 정도로 대상물에 대한 지식이 많은 사람'의 통칭으로 정의하며, 이하에서도 마찬가지의 의미로 사용된다.

대상물이 '칩 마운터의 헤드'인 경우를 가정한다. 특허 문헌의 검색 단계에서 '칩 마운터의 헤드'에 대한 검색을 수행하여 여러 관련 특허 문헌들을 얻었는데, 그중 하나는 '칩 마운터의 헤드에 장착된 노즐'에 대한 특허였다. 해당 특허는 수치한정 발명으로서 독립청구항에는 '노즐 팁의 외면 기울기 범위가 10도~30도'라는 제한이 포함된 특허였다.

이 경우, 특허 침해 판단을 위해서는 해당 특허의 구성과 대상물을 비교해야 하는데, 특허 검색 전에 이루어지는 '1차 특정'에서는 노즐 팁의 외면 기울기까지 조사하지 않았을 가능성이 크다. 즉, FTO 분석자가 아무리 철저한 사람이라 하더라도 1차 특정에서 대상물의 칩 마운터의 헤드에 대해 조사할 때 헤드의 끝부분에 붙어 있는 노즐, 그것도 노즐 끝부분인 팁의 외면 기울기까지 미리 조사하기는 어렵다.

따라서 대상물의 노즐 팁의 외면 기울기가 얼마인지는 대상물의 '1차 특정' 시 미리 조사되지 않고, 해당 특허 문헌이 발견된 후 비교를 위해 조사하게 된다. 이것이 바로 대상물의 '2차 특정'이다.

즉, 대상물의 '2차 특정'은 특허 검색을 통해 발견된 특허 문헌과 대상물을 비교하는 과정에서 대상물의 자세한 구성에 대한 정보가 필요함을 인식하고 진행하는 단계이다.

위의 예에서는 특허 문헌이 발견된 후에 대상물의 비교를 위해 '2차 특정'이 이루어졌다. 그러나 "만약 분석자가 꼼꼼하고 철저해서 특허 문헌이 발견되기 전의 '1차 특정' 시 대상물에 대해 충분히 조사를 했다면 '2차 특정'을 하지 않아도 되지 않을까?"라는 의문이 들 수 있다.

물론 앞서 설명한 바와 같이 내용이 간단하여 대상물의 1차 특정 내용으로도 충분히 비교가 가능한 특허 문헌이 존재할 수 있지만, 대부분의 특허 문헌은 세부적인 구성을 포함하고 있기 때문에 대상물의 '2차 특정'이 없이는 비교가 어렵다.[90]

---

90 물론 대상물의 '1차 특정' 시 더 많은 내용을 알아낸다면 2차 특정 시 관련 작업의 개수가 줄어들 수 있다.

즉, 특허 검색으로 발견될 수많은 특허 문헌들의 내용을 미리 알 수 없기 때문에 그에 대응하는 대상물의 특징도 사전에 전부 조사하는 것은 불가능하다. 따라서 대상물의 '2차 특정'이 필요한 경우가 대부분이라 할 수 있다. 앞서 언급한 바와 같이 이러한 대상물의 2차 특정은 한 번에 끝날 수도 있지만 경우에 따라 여러 번 반복될 수도 있다.

'2차 특정'을 통해 알 수 있는 대상물의 특징은 다양하다. 일부는 조사하면 바로 알 수 있는 것도 있지만 어떤 경우는 시간이 많이 걸리거나 매우 알기 어려운 특징도 존재한다. 위의 예에서 설명한 '노즐 팁의 외면 기울기'는 각도기로 직접 측정하거나 대상물의 도면을 통해 쉽게 특정할 수 있지만 실제 상황에서는 즉시 특정하기 어려운 대상물의 특징도 많이 있다.

예를 들어 검색된 특허 문헌이 '칩 마운터의 노즐 팁 소재의 합금 비율'에 대한 문헌이라면, 비교를 위해 대상물의 노즐 팁의 소재에 대한 정보를 찾아봐야 한다. 만약 가지고 있는 정보에 노즐 팁의 합금 비율에 대한 내용이 없다면, 소재 납품처에 연락하여 구체적인 정보를 파악해야 할 수도 있다. 노즐 팁을 외부에서 납품받았다면 노즐 팁을 제조하는 협력업체에 연락해 노즐 팁의 소재가 무엇인지, 또는 소재에 대한 추가 자료, 시험성적서 등이 있는지 알아봐야 할 필요가 있다.[91]

만약 특허 문헌과 비교해야 할 대상물의 일부가 명확하게 구체화되어 있지 않다면, 해당 대상물의 부분이 명확하지 않기에 '2차 특정'을 수행하여도 대상물의 특정에 어려움이 있을 수 있다. 예를 들어 연구 개발 과정에서 대상물의 주요 기술 콘셉트만 구체화된 경우에는 당연히 대상물의 나머지 부분들은 '2차 특

---

91 이러한 '2차 특정'은 특허 정보가 아닌 대상물에 대한 정보을 알아내는 것이므로 AI만으로는 진행하기 어렵다. 만약 AI가 관여한다면 AI는 의뢰인과 협력하여 세부 특정을 꼼꼼히 진행하여야 검색된 특허 문헌과의 비교가 가능하게 된다.

정'을 해도 유용한 정보를 얻기 어렵다.[92] 따라서 그 경우 FTO 분석의 대상물은 구체화된 기술 콘셉트로 한정하여 진행하는 것이 바람직하다.

(나) 특허 침해 판단 시 대상물의 2차 특정에 대한 구체적인 예시

대상물의 2차 특정에 대한 이해를 돕기 위해, 이하에서는 특허 침해 판단 시 대상물의 2차 특정에 대한 구체적인 예시를 설명한다.

i) 예시 1: 대상물이 믹서기인 특허 침해 판단

믹서기 제조업체인 A기업이 새롭게 개량한 믹서기의 FTO 분석을 수행하는 경우를 설명한다.

대상물인 A기업의 믹서기는 기존 모델과 비교하여 디자인, 입력 패널, 기타 소소한 부분에서 개선이 이루어졌다. 가장 크게 개선된 점은 칼날의 구성이다. 신제품에서는 칼날의 구성이 기존의 2중 칼날에서 3중 칼날로 변경되어 성능이 향상되었다.

변리사인 분석자는 FTO 분석을 의뢰받아 A기업에 방문하여 새로 개발한 믹서기의 구성, 특히 칼날의 구조, 칼날의 조립 방법, 칼날 소재에 대해 집중적으로 교육을 받고 분석을 진행하고 있는데 검색 과정에서 믹서기 관련 특허 중 믹서기 모터에 적용되는 '모터 과부하 방지 특허'를 발견하였다.

분석자는 해당 특허를 대상물과 비교하여 특허 침해 판단을 시도하였다. 그런데 분석자는 제품의 카탈로그, 도면 등을 받았고 교육도 받았지만, 믹서기에 적용되는 모터의 과부하 방지 구동 방법이 기존의 알고리즘을 사용하고 있는지 아니면 신제품을 위해 새로 개발했는지 만약 신제품을 위해 새로 개발했다면 어떤 구동 방법을 사용했는지 알 수 없었다. 따라서 분석자는 A기업에 연락

---

92 예를 들어 칩 마운트의 부분 중 피더에 대해 새로운 기술 콘셉트를 적용하였는데, 칩 마운터의 나머지 부분(헤드, X-Y 갠트리, 기판 이송 장치 등)은 아직 구체적인 계획이 없는 경우이다. 그 경우 검색된 특허 문헌이 기판 이송 장치에 대한 것이라면 2차 특정으로 대상물의 기판 이송 장치를 파악하려고 해도 아직 개발이 진행되지 않아 파악을 할 수 없다.

하여 대상물에 대해 잘 아는 개발자와의 만남을 통해 '2차 특정'을 시도하였다.

이와 같이 짧은 기간의 기술 교육만으로는 대상물에 대한 지식을 충분히 습득하기 어려울 뿐만 아니라[93] 대상물의 1차 특정 단계에서는 미래에 검색될 모든 특허 문헌의 내용과 비교할 수 있을 정도의 지식을 얻기 어렵기 때문에 특허 문헌이 검색된 후에 '2차 특정' 과정이 필요하게 된다.

특히, 구동 방법이나 제어 방법인 경우, 실제로 제품을 개발하고 구동시키는 사람만 알 수 있는 경우가 많다.[94] 사실 그러한 세부적인 사항은 A기업의 믹서기의 개발 부서 내에서도 특정 개발자만 알 수 있는 정보일 수 있다. 그러한 특허를 발견하게 되면 분석자는 스스로 판단하기 어려운 상황에 직면하게 된다.

따라서 이 경우 분석자는 대상물의 '2차 특정'으로서 A기업의 개발자에게 연락하여 해당 특허 문헌의 구성이 대상물에 존재하는지 검토를 요청하였다.

ii) 예시 2: 대상물이 저면관수 화분인 특허 침해 판단

유럽에서 유행하는 B기업의 저면관수 화분을 국내로 수입하기 위해 FTO 분석을 하는 경우를 설명한다.

대상물인 B기업의 저면관수 화분은 식물의 뿌리 아래쪽으로 물을 공급하는 저면관수 방식에 특화된 화분으로서, 토양의 습기를 측정할 수 있는 센서, 온도 센서, 물탱크, 전자식 밸브, Wi-Fi 통신 장치 등을 포함하고 있다. 대상물은 센서로 측정된 데이터를 바탕으로 미리 설정된 알고리즘이나 원격 조정에 따라 밸브를 제어하여 식물에 적절한 수분을 공급해 주는 특징을 가지고 있다.

수입업자는 FTO 분석의 의뢰를 위해 B기업의 저면관수 화분과 설명서를 구하여 국내의 FTO 분석자인 변리사에게 제공하였다. FTO 분석자는 제품의 외관을 살펴본 후, 제품을 분해하여 내부 구조를 검토하였다. 그러한 과정을 통해

---

93 물론 분석자가 받은 기술 교육만으로 대상물의 특허 침해 여부를 쉽게 판단할 수 있는 경우도 있다.

94 부품을 외부에서 조달하여 제품을 구성하는 경우 때때로 개발자도 침해를 즉시 판단하기 어려운 경우가 있다.

저면관수 화분의 특징적인 형상, 각 부품의 구성 및 종류 등을 알 수 있었고, 설명서를 참조하여 제품을 작동시켜 봄으로써 작동 원리 등을 파악할 수 있었다(대상물의 1차 특정).

FTO 분석자는 특허 검색을 위해 조사 지역을 한국으로 설정하고, 저면관수 화분에 대한 특허검색을 실시하였다. 그 결과 많은 특허 문헌들을 얻었고, 대상물과의 비교를 수행하였다.

비교 과정에서 저면관수 화분의 외형, 부품의 형상 등에 대한 특허 문헌은 대상물과의 비교가 용이하였지만, 일부 특허 문헌들(특허 문헌1, 특허 문헌2, 특허 문헌3)은 비교를 할 수 없었다.

특허 문헌1에는 저면관수 화분에 사용되는 심지의 소재에 대한 특허가 기재되어 있고, 특허 문헌2에는 저면관수 화분에 사용되는 전자식 밸브의 제어 방법에 대한 특허가 기재되어 있고, 특허 문헌3에는 저면관수 화분을 Wi-Fi 통신을 이용하여 제어하는 알고리즘에 대한 특허가 기재되어 있었다.

특허 문헌1과 비교하기 위해서는 대상물의 심지 소재를 알아야 하는데, 제조사에 연락을 하거나 따로 성분조사를 의뢰하기 전에는 어떤 소재가 어떤 비율로 포함되어 있는지 파악할 수 없어서 분석자는 즉시 비교가 불가능하였다.

특허 문헌2와 비교하기 위해서는 대상물의 구체적인 밸브 제어 방법을 알아야 하는데 분석자는 대상물에 전자식 밸브가 사용되어 있다는 사실은 알았지만 대상물의 구동 ROM에 저장되어 있는 제어 알고리즘을 알 수 없어서 즉시 비교가 불가능하였다.

또한, 특허 문헌3과 비교하기 위해서는 대상물의 Wi-Fi 통신 관련 알고리즘을 알아야 하는데 역시 마찬가지의 이유로 즉시 비교가 불가능하였다.

이상과 같이 겉으로 드러난 정보로는 침해 판단을 하기 어려운 경우가 많다. 특히 기술이 고도화되면서 소재, 제어방법, 알고리즘 등의 구성은 대상물의 개발자가 아니면 쉽게 알기가 어렵다.

따라서 대상물에 대한 특정이 어느 정도 이루어졌더라도 실제 검색된 특허 문헌과 비교하기 위해서는 대상물에 대한 깊이 있는 기술적 이해가 필요하다. 대상물에 대한 이해의 수준은 적어도 특허 문헌과 비교를 할 수 있을 정도면 되는데 특허 문헌의 수준도 특허 문헌 별로 각각 다를 수 있어 일률적인 기준을 설정하기는 어렵다. 즉, 아무리 사전에 대상물에 대한 정보를 많이 얻었다고 해도 검색된 특허 문헌에서 설명한 기술이 더 세부적이라면 즉시 판단을 하기 어려운 경우가 많으며,[95] 심지어 대상물을 개발한 개발자도 즉시 판단하기 어려운 경우가 있다.[96]

그러므로 대상물이 검색된 특허를 침해하였는지 즉시 판단하기 어려운 경우에는 검색된 특허에 대응되는 구성이 대상물에 존재하는지 확인하기 위해 대상물의 개발자에게 문의하는 등 협조를 요청하거나 관련 분야의 전문가나 기술자에게 도움을 요청하는 방법을 생각해 볼 수 있다(대상물의 2차 특정).

(3) 특허 침해 판단 실무 및 핵심 특허의 선별

특허 침해 판단의 가장 효과적인 방법은 '대상물에 대한 전문가인 개발자'와 '침해 분석 전문가인 분석자'가 함께 특허 문헌을 검토하는 것이다. 이 과정에서 개발자는 대상물에 대한 정보를 즉시 제공하고, 분석자는 특허 문헌을 분석하고 특허 침해 판단 기준에 근거하여 상호 협의하에 침해 분석을 수행한다. 그 경우 침해 분석 시 대상물의 2차 특정이 자연스럽게 이루어지기에 특허 침해 판단이 신속하고 용이하게 이루어지게 된다.

그러나 실제는 개발자의 시간 제약이 크기 때문에 분석자는 대상물의 1차 특

---

95 1차 특정 시 대상물의 밸브 제어가 전자식으로 이루어진다는 것만 알고 있었는데, 검색된 특허 문헌의 특징이 전자식 밸브 제어를 피드백 제어로 수행하는 것이라면, 동일 여부를 즉시 판단할 수 없다. 그 경우 검색된 특허 문헌이 더 세부적인 내용을 포함하고 있는 것이므로, 2차 특정을 통해 대상물의 밸브 제어 알고리즘이 피드백 제어 방법을 이용하는지 알아내야 한다.

96 대상물을 개발한 개발자가 대상물의 모든 부품을 다 개발하는 경우는 많지 않다. 대상물의 부품 중 시장에서 매입한 부품의 경우 특허 침해 여부를 바로 알기 어려운 경우가 많다. 의심이 드는 경우 해당 부품 제조 업체에 문의하여 판단하기도 한다.

정 내용으로 어느 정도 특허 문헌을 분류하고, 그중 판단이 어려운 특허 문헌들을 모아서 한꺼번에 처리하는 경우가 많다.

이하 이러한 방법을 간략히 살펴본다.

실무적으로는 특허 침해 분석을 1차 필터링 작업과 2차 필터링 작업의 2단계로 나누어 진행할 수 있다.

1차 필터링 작업은, 분석자가 용이하게 판단할 수 있는 문헌들을 추리는 작업이다. 최초로 검색된 문헌들 중에는 전혀 관련이 없는 특허 문헌이 있을 수 있고, 관련이 있더라도 침해가 아님을 명확히 알 수 있는 특허 문헌도 있을 수 있다. 그러한 제1차 필터링 작업으로 많은 수의 특허 문헌들이 핵심 특허 대상 목록에서 제외되게 된다.

1차 필터링 작업을 거쳐 남은 특허 문헌들은 분석자 단독으로 즉시 판단이 되지 않는 건들로서, 보다 깊은 검토가 필요한 문헌들이다. 즉, 1차 필터링 작업을 거쳐 남은 특허 문헌들은 2차 필터링 작업을 통해 핵심 특허를 선별한다.

> 1차 필터링 작업:
> FTO 분석자 단독으로 특허 침해 판단

> 2차 필터링 작업:
> FTO 분석자가 개발자의 도움으로
> 특허 침해 판단하여 핵심 특허 선별

[특허 침해 판단 실무 구성]

2차 필터링 작업의 대상인 특허 문헌들은 비교를 위해 대상물의 2차 특정이 필요한 건들이 대부분이다. 그러나 경우에 따라 대상물의 특정과 상관없이 특허 문헌의 청구항, 상세한 설명, 도면 등의 기재에 대한 해석이 추가로 필요한 건이나 권리범위 해석이 추가로 필요한 건이 있다.[97]

보통 2차 필터링 대상 건수는 1차 필터링 대상 건수에 비해 그 개수가 많이 줄었기 때문에 앞서 말한 바와 같이 2차 필터링 작업에서는 2차 필터링 대상건들을 개발자와 분석자가 함께 검토하면서 핵심 특허를 선별하는 것이 좋다. 개발자와 분석자가 함께 볼 수 없다면 자료를 공유하고, 많은 피드백으로 핵심 특허를 선별하는 것이 바람직하다.

핵심 특허를 선별하는 기준은 미리 의뢰인과 협의한 기준에 따라 결정된다. 예를 들면 대상물과 거의 동일한 특허 문헌만 핵심 특허로 선정할지 아니면 대상물이 특허 문헌을 침해할 가능성이 조금이라도 있으면 해당 특허 문헌을 핵심 특허로 선정할지는 선택의 문제이므로 FTO 분석의 성격에 따라 의뢰인과 협의하여 정한다. 즉, 현재의 대상물이 확실하게 특허 침해가 되는 건만 핵심 특허로 선별할 수도 있고, 아니면 균등침해보다 더 넓은 범위의 개념 즉, 생략발명과 불완전이용발명[98]의 범위에 해당되는 것까지를 핵심 특허로 선별하여 현재의 특허 이슈 방지뿐만 아니라 미래의 회피 설계에도 도움이 되도록 할 수도 있다.

또한 선별되는 핵심 특허는 대부분 유효한 권리로 구성되지만 검색 과정에서 발생할 수 있는 문헌 누락에 대비하거나 무효화 시도, 자유실시기술의 항변 등의 다양한 목적을 위해 반드시 유효한 권리에만 한정되지 않을 수 있다. 특

---

97 특허 문헌의 권리범위의 해석은 청구항을 중심으로 하지만, 때로는 발명의 설명, 도면을 참조하는 경우도 있다. 아울러 해당 특허 문헌의 원출원이 외국 출원인 경우에는 외국 출원의 원문도 참조하여야 하는 경우도 있는데, 이는 번역상의 오류, 차이 등을 고려하여 해당 특허 문헌의 권리 범위를 명확하게 하기 위함이다.

98 특허의 구성요소 중 일부 구성요소를 생략하는 것을 생략발명 또는 경우에 따라 불완전이용발명이라 한다.

히 필요에 따라 공개 특허[99]도 핵심 특허에 포함시킬 수 있는데 공개 특허는 심사 경과에 따라 청구항이 달라질 수 있으므로 최종 등록되는 권리범위에 주의해야 한다.

또한, 검색된 특허 중 유효한 특허이던 포기된 특허이던 간에 대상물과 비교해 침해 가능성이 있다고 판단되는 건은 그 패밀리건도 조사를 해야 한다.[100] 검색식의 한계로 패밀리건 전체가 검색되지 않고 패밀리건들 중 일부만 검색되는 경우가 있고, 검색이 되었다고 하더라도 필터링 과정에서 실수로 누락되는 경우도 있기 때문이다.

또한 권리가 존재하지 않는 포기 건이나 만료 건이라 하더라도 그 패밀리건에는 여전히 권리가 존재할 수도 있다.[101] 따라서 포기되거나 만료된 핵심 특허의 우선권 주장 기초 출원, 분할출원, 연속출원(Continuation Application; CA), 부분연속출원(Continuation-in-Part Application; CIP) 등의 패밀리건들도 핵심 특허가 될 가능성이 있으므로 주의 깊게 조사를 해야 한다. 특히 경쟁사가 소유한 특허 중 핵심 특허를 간과하면 큰 문제가 발생할 수 있으므로 경쟁사 소유의 패밀리 특허에 대해서도 면밀히 검토해야 한다.

이러한 과정으로 핵심 특허를 선별하고 나면 해당 핵심 특허에 대한 자세한 분석을 수행하게 된다. 즉, 선별된 핵심 특허를 심도 깊게 분석하여 특허 이슈 방지를 위한 대응책을 강구하며 위험도를 분석하는 과정을 진행한다.

---

99   출원 후 심사 대기 중이거나 심사 중인 건으로 아직 거절이 되지 않은 건을 의미한다.

100   원출원보다 분할출원, 계속출원 등의 침해 가능성이 더 높은 경우도 있다.

101   특허권자가 비용 절감뿐만 아니라 전략적인 이유로 일부 국가에만 특허 권리를 유지하고, 나머지 국가에서는 권리를 포기하는 경우도 있다.

핵심 특허 분석

2.5.1 핵심 특허의 법적 상태 분석

핵심 특허의 법적 상태를 분석한다. 즉, 핵심 특허가 공개 특허인지, 등록 특허인지 검토하고, 등록 특허의 경우 현재 권리가 존속 중인지 아니면 특허유지료 미납으로 권리가 소멸되었는지 조사한다. 그러한 사항들은 핵심 특허를 선별하는 단계에서도 조사가 되지만 핵심 특허로 선별되고 나서도 법적 상태를 다시한 번 더 점검하는 것이 바람직하다.

2.5.2 핵심 특허의 존속기간 만료 예정일 검토

특허의 존속기간은 보통 출원일로부터 20년이다. 많은 특허 검색엔진에서 존속기간 만료 예정일이 자동으로 표시되지만, 때때로 존속기간 만료 예정일이 변동될 수 있으니 주의해야 한다. 예를 들어 미국의 경우 미국 특허법 제154조의 PTA(patent term adjustment)[102]과 제156조의 PTE(patent term extention)의 제도로 존속기간이 연장될 수 있으며, 이중출원(double patenting)을 극복하기 위해 제출한 기간포기서(terminal disclaimer)는 존속기간을 단축시킬 수 있으니 주의를 요한다.

2.5.3 핵심 특허의 청구항 분석

특허의 청구항은 권리범위 해석의 기준이다. 따라서 핵심 특허의 권리범위를 해석함에 있어서 청구항 분석이 필수적인데 청구항 분석 시 일반적으로 권리범위가 넓은 독립항만을 분석하는 경우도 있지만, 종속항을 포함한 전체 청

---

102 A-delays, B-delays, C-delays의 3가지 유형이 있다.

구항을 분석하기도 한다.

핵심 특허의 청구항에 기재된 내용을 명확히 해석하고, 해석이 어려운 경우 발명의 설명과 도면 등을 참조하여 해석한다. 앞서 말한 대로 핵심 특허의 패밀리건들이 있는 경우 패밀리건들의 내용도 참조함으로써 해당 핵심 특허의 번역상의 오류나 다의적으로 해석될 여지가 있는지도 검토한다.

결국 청구항 분석의 목적은 대상물이 해당 핵심 특허를 침해하는지 정확히 판단하고 회피 설계가 가능한 구성요소가 있는지 판단하는 것이다. 이를 위해 핵심 특허의 청구항의 구성요소를 각각 분해하고, 각 구성요소에 대응되는 부분이 대상물에 존재하는지 면밀히 검토한다.

2.5.4 핵심 특허의 패밀리건 분석

조사 지역이 여러 나라이고, 핵심 특허의 여러 패밀리건이 각 나라에 분산되어 존재한다면 해당 패밀리건들을 함께 분석하는 것이 바람직하다. 각국의 출원 심사는 독립적으로 이루어지므로 등록된 권리 범위가 국가별로 다를 수 있다. 따라서 등록된 권리 범위의 차이를 국가별로 비교하여 검토하는 것이 특허 침해 리스크 판단에 도움을 줄 수 있다.

또한, 한 나라에 여러 개의 패밀리건이 존재하는 경우,[103] 각 패밀리건의 심사 결과에 따라 권리 범위에 차이가 있을 수 있으므로 패밀리건들을 함께 분석하여 특허 침해 여부를 판단하는 것이 효과적이다.

2.5.5 핵심 특허의 인용문헌/피인용문헌 분석

핵심 특허의 심사 과정에서 거절 이유의 근거로 인용된 인용문헌과, 심사 과정에서 거절 이유의 근거로 핵심 특허를 인용한 피인용문헌들을 분석하는 것이

---

103 동일 국가에서 분할출원, 연속출원, 부분연속출원 등의 여러 패밀리건이 출원될 수 있다.

바람직하다. 이를 통해 핵심 특허와 권리 범위가 유사한 다른 핵심 특허를 발견하는 경우도 많다.

2.5.6 핵심 특허의 문헌 내용을 이용하여 추가 핵심 특허 찾기

핵심 특허가 선정되면, 선정된 핵심 특허의 세부 문헌 내용을 분석하여 추가적인 핵심 특허를 찾는 시도를 할 수 있다. 즉, 핵심 특허의 명세서에 언급된 다른 특허 문헌[104] 중에서 핵심 특허로 추가할 수 있는 문헌이 있는지 검토한다.

또한, 핵심 특허 명세서에 사용된 용어는 그대로 검색식의 기술 키워드로 활용할 수 있으므로 핵심 특허가 예상보다 적게 발견되었다면 기존 검색식을 보완하여 추가 검색을 시도할 수 있다. 더 나아가 핵심 특허의 출원인/양수인이 최초 검색식 작성 시 경쟁자로 지목되지 않았던 경우, 해당 출원인/양수인이 보유한 특허 중 핵심 특허로 추가할 수 있는 문헌이 있는지 검토한다. FTO 분석에서는 가능한 한 많은 핵심 특허를 찾아낼수록 결과의 신뢰성이 높아지므로 추가 핵심 특허를 찾는 데 주저해서는 안 된다.

2.5.7 핵심 특허에 대한 대응 방안 강구

핵심 특허의 청구항 분석으로 대상물의 특허 침해 여부를 판단하였다면, 그 판단 결과에 따라 대응책을 강구할 수 있다.

대상물이 핵심 특허를 침해할 위험이 크다고 판단되면 핵심 특허의 권리 제

---

104 배경기술, 비교실시예 등을 설명하면서 명세서에 관련 특허 문헌이 기재되어 있는 경우가 있다.

한 사항이 있는지 검토한다. 출원경과금반언, 선사용권, 자유실시기술의 항변[105] 등의 법리가 적용될 수 있는지 면밀히 검토한다.

그럼에도 불구하고 대상물이 핵심 특허를 침해할 위험이 크다고 판단되면 가장 먼저 생각할 수 있는 대응책은 회피 설계를 시도하는 것이다. 즉, 대상물이 핵심 특허의 특허권을 침해하지 않도록 구성요소의 생략, 구성요소의 변경 등으로 회피 설계를 수행할 수 있는지 검토한다.

만약 회피 설계가 어려운 경우 해당 핵심 특허를 매입하거나 라이선스가 가능한지[106] 또는 해당 핵심 특허를 무효시킬 수 있는지 검토가 필요하다.

한편, 핵심 특허가 아직 등록되지 않은 공개 특허인 경우 핵심 특허의 등록을 저지하거나 등록 후에도 취소신청, 무효심판 청구 등의 방법이 있으므로 이의 활용을 고려할 수 있다.

2.5.8 핵심 특허의 위험도 분석

(가) 특허 침해 판단을 통해 침해 가능성이 높다고 판단되더라도 핵심 특허의 위험도는 상황에 따라 달라질 수 있다. 즉, 핵심 특허는 위험도에 따라 아주 위험한 건들과 비교적 덜 위험한 건들로 분류할 수 있다. 소정의 기준에 따라 위험도를 결정하여 관리하게 되면 대응 우선 순위를 쉽게 정할 수 있다.

예를 들어, 판매 시장을 공유하는 적대적인 경쟁사의 핵심 특허는 침해 가능성이 높을 경우 높은 위험도를 가진다. 그와 달리 침해 가능성이 높다고 분석되

---

105 대상물에 적용된 기술이 핵심 특허의 출원 전에 공개된 특허 문헌이나 카탈로그, 제품 자체, 논문 등의 내용과 동일하거나 이로부터 용이하게 도출할 수 있다면 자유실시기술의 항변이 적용될 수 있다. 특히 조사 지역이 한국인 경우 재판에서 자유실시 기술의 항변이 폭넓게 인정되고 있으므로 이를 적극 이용하는 것이 좋다. 또한, 분쟁이 일어날 가능성이 높은 경쟁사의 유력한 핵심 특허가 있다면, 검색으로 얻은 다른 특허 문헌들 중 해당 핵심 특허의 침해 주장에 대해 자유실시기술의 항변을 이용할 수 있는 특허 문헌을 찾아 이용하는 것도 좋다.

106 보유 특허가 많은 경우 크로스라이선스도 고려가 가능하다.

어도 모회사, 자회사나 동일한 그룹의 다른 계열사의 특허일 경우 위험도가 낮아진다.[107] 즉, 시장을 공유하는지, 권리 행사를 어느 정도로 적극적으로 할 수 있는지 등에 따라서 위험도가 달라질 수 있다.

그러한 여러 상황을 고려하여 위험도를 결정할 수 있는데 위험도는 간단히 '상', '중', '하'로 등급을 나누어 구분하거나 숫자로 표시하여 구분할 수 있다. 또한, 핵심 특허의 위험도를 각 항목별로 가중치를 두어 산정할 수도 있는데, 아래 표는 그러한 방법의 예이다.

관리 번호	특허 번호	동일성 위험도(A)	지역 위험도(B)	경쟁사 위험도(C)	존속기간 위험도(D)	계
1	KR 10-oooo호	10	7	9	3	56
2	US oooooo호	8	6	2	2	40
3	KR 10-oooo호	6	10	5	5	48
.	.	.	.	.	.	.
.	.	.	.	.	.	.
.	.	.	.	.	.	.

A: 동일성 위험도(1-10): 대상물과의 동일성이 높을수록 10에 가까워짐
B: 지역 위험도(1-10): 대상물의 판매 지역이 겹칠수록 10에 가까워짐
C: 경쟁사 위험도(1-10): 특허권자가 권리 행사에 적극적일수록 10에 가까워짐
D: 존속기간 위험도(1-10): 해당 특허의 존속기간이 많이 남을수록 10에 가까워짐
총계(가중치 적용), 가중치 예: A*3+B*2+C+D

---

107 마찬가지로 침해 가능성이 높아도 특허권이 국가나 국가 기관의 소유인 경우, 대상물을 납품받아 완성품을 제조하는 거래 업체의 소유인 경우 등에는 협상의 여지가 비교적 커지기 때문에 위험도는 상대적으로 낮아질 수 있다.

(나) 앞에서는 위험도의 등급을 나누거나 수치로 정량화하는 방법에 대해 살펴보았지만 단순히 위험의 크기뿐만 아니라 어떤 종류의 위험인지 분류하는 것도 중요하다.

위험의 종류를 분류하는 방법은 여러가지가 있겠지만, 여기에서는 동일성을 기준으로 하되 법적 상태에 따른 분류 기준을 설명한다.

앞서 말한 바와 같이 검색 시 문헌 종류를 등록 특허 문헌뿐만 아니라 공개 특허 문헌도 포함하였다면 핵심 특허들의 특허 위험 분류는 다음의 표와 같이 작성될 수 있다.

분류	문헌 종류	동일성 판단	정의
실질 위험	등록	전부 동일	현재 대상물을 그대로 실시할 경우, 현재 유효한 특허권에 의해 특허 침해 이슈가 발생할 위험.
개발 위험	등록	일부 동일	현재 대상물에 변형을 주거나 새로운 구성을 추가하였을 때 현재 유효한 특허권에 의해 특허 침해 이슈가 발생할 위험.
잠재 위험	공개	전부 동일 (등록 후 재판단 필요[108])	현재 대상물을 그대로 실시할 경우, 향후 등록이 예상되는 특허 출원의 권리 범위에 의해 특허 침해 이슈가 발생할 위험.

위의 표에서 위험은 크게 실질 위험, 개발 위험, 잠재 위험의 3가지로 분류할 수 있는데, 실질 위험은 대상물이 현재 유효한 특허권을 침해할 위험이고, 개발 위험은 대상물에 약간의 변형을 주거나 새로운 구성을 추가했을 때 현재 유효한 특허권을 침해할 위험이고, 잠재 위험은 공개 특허 문헌이 등록될 경우 대상물이 특허를 침해할 위험을 의미한다.

그러한 분류 방법은 위험 종류를 신속하게 평가하여 의사 결정에 도움을 줄 수 있다. 보통 실질 위험은 대상물을 그대로 실시할 경우 침해 이슈가 발생할 수

---

108 등록 후 동일성에 대한 재판단을 통해 실질 위험 또는 개발 위험으로 분류될 수 있다.

있기에 위험도가 제일 높다.[109] 개발 위험의 경우 약간의 변형으로도 침해 위험이 존재하고, 경우에 따라서는 균등 침해의 대상이 될 수 있어 역시 위험도가 높다. 잠재 위험의 경우 해당 공개 특허 출원의 심사 경과를 추적하여 어떤 권리 범위로 등록이 되는지 감시하여야 하고, 필요한 경우 정보제공 등을 통해 해당 공개 특허 출원의 등록을 방지할 수 있다.

한편, 핵심 특허에 대한 기술 분류를 수행하였다면 기술 분류 별로 실질 위험의 개수, 개발 위험의 개수, 잠재 위험의 개수를 산정할 수 있다. 하기는 앞서 언급한 믹서기의 기술 분류표를 이용한 위험 분석 표의 일부이다.

대분류 기술	중분류 기술	소분류 기술	실질 위험	개발 위험	잠재 위험	합계
믹서기 구조(A)	칼날(AA)	칼날 구조 관련 (AA1)	KR 10-oooo호 KR 10-oooo호	*	US oooooo호	3건
		칼날 소재 관련 (AA2)	*	KR 10-oooo호	*	1건
	구동부(AB)	구동 모터 관련 (AB1)	*	*	*	
		동력전달계 관련 (AB2)	KR 10-oooo호	*	JP oooooo호	2건
		구동부 설치 구조 (AB3)	*	*	*	
	용기부(AC)	믹서컵(AC1)	KR 10-oooo호 KR 10-oooo호	*	KR 10-oooo호	3건
		.	.	.	.	.
		.	.	.	.	.

---

109 문언침해의 경우 실질 위험에 해당할 수 있고, 균등침해의 경우 실질 위험과 개발 위험에 해당할 수 있다.

Freedom
to
Operate

3장

FTO 분석의 한계

대상물 특정의 어려움과 특허 검색의 한계 때문에 현재 완벽한 FTO 분석은 존재하지 않는다. 기본적으로 FTO 분석은 대상물과 관련된 불특정 다수의 특허 문헌을 조사하고 분석하는 과정인데, 필연적으로 일부 특허 문헌의 누락이 발생할 수 밖에 없다.

또한, 비용과 시간을 충분히 투자하여 FTO 분석을 진행하였다 하더라도 제품이나 서비스가 시장에 출시되고 나면 예상치 못했던 경쟁사 또는 비제조 특허수익화 전문기업(Non-Practicing Entity; NPE)으로부터 침해 경고장을 받는 경우도 많다.

그럼에도 불구하고 FTO 분석은 필수라고 생각된다. 마치 홍수 때 강의 범람을 방지하기 위해 홍수 전에 미리 둑을 쌓아 올리는 것처럼 말이다. 물론 강수량이 많아 강물이 둑을 넘거나 둑이 붕괴되기도 하지만 우리는 여전히 둑을 쌓아 위험을 최소화시키는 행위를 하고 그러한 행위가 무의미하다고 생각하지 않는다. 마찬가지로 대상물이 시장에 출시되기 전에 FTO 분석을 충분히 수행하여 특허 이슈의 위험을 최소화해야 하며, 특히 경쟁사의 특허를 철저히 분석함으로써 기업 운영에 있어 예상치 못한 위험을 사전에 방지할 수 있도록 해야 한다.

본 장은 FTO 분석의 한계를 알아보고 이를 극복할 수 있는지도 살펴보기로 한다.

3.1 특허 문헌의 공개 시점에 기인한 한계

특허제도는 특허출원 시점으로부터 1년 6개월이 지나서 출원을 공개하도록 되어 있다. 따라서 조사 시점에는 출원되었지만 아직 공개되지 않은 문헌이 존재하여 분석의 정확도가 저하될 수 있다. 특히 기술 개발 속도가 빠른 기술 분야에서는 하루에도 많은 특허가 출원되므로 이러한 문제가 더 심각해질 수 있다.

더구나 FTO 분석에 있어서는 공개 문헌보다는 청구범위가 확정된 등록 특허 문헌이 더 중요하므로 출원에서 등록까지의 기간도 매우 중요한 요소로 작용한다.

향후 제도가 개선되어 출원 공개 시점이 빨라지고, 심사가 단축되어 빠른 등록이 가능해진다면 등록 특허 문헌이 늘어나 현재보다 정확한 FTO 분석이 가능해 질 것이다.

3.2 대상물의 특정 관점에서의 한계

대상물을 특정하는 과정이 쉽지 않은 경우가 많다는 점은 앞서 언급한 바 있다. 대상물을 명확히 특정하더라도, 그 대상물의 각 부분에 대응하는 타인의 특허가 얼마나 많은지 정확히 알기 어렵다. 그러한 점 때문에 해당 대상물에 대해 검색하여 관련 특허 문헌들을 얻더라도 중요 특허 문헌들이 누락될 가능성이 항상 존재한다. 정밀한 분석을 위해 대상물의 일부만을 선택해 심도 깊은 FTO 분석을 하더라도 누락의 위험이 줄어들 뿐, 여전히 누락 가능성은 남아 있다.

대상물의 특정 관점에서 FTO 분석의 한계를 설명하기 위해, 자동차의 서스펜션 시스템을 제조하는 회사가 서스펜션 시스템을 대상물로 하여 FTO 분석을 하는 경우를 예로 들어 본다.

대상물인 서스펜션 시스템은 수많은 부분을 포함하고 있는데 빔, 암, 로드, 링크 등을 포함하는 지지 프레임 구조체, 댐퍼(damper, shock absorber) 등 충격 흡수 장치, 스프링 등 탄성 지지 장치, 마운트 구조체, 제어 시스템 및 알고리즘 등 많은 부분을 포함하고 있다.

자동차의 서스펜션 시스템에 대해 대략적인 검색어로 검색해 보니 검색되는 특허 문헌이 너무 많기에 분석을 위해 서스펜션 시스템을 원 대상물로 하고, 12개의 중요 부분을 분할 대상물로 하여 대상물 체계 분류표를 작성하였다(하기 표 참조).

원 대상물	분할 대상물	서스펜션 시스템 전용 여부
서스펜션 시스템	지지 프레임 구조체(A)	전용
	충격 흡수 장치(B)	비전용
	탄성 지지 장치(C)	비전용
	마운트 구조체(D)	전용
	제어 시스템 및 알고리즘(E)	전용
	· · ·	· · ·

분석자는 대상물 체계 분류표를 바탕으로 각 분할 대상물에 대한 검색식을 작성하여 검색을 수행한 후에 침해 여부를 판단하고 핵심 특허를 선별하였다. 또한 대응책을 수립하여 FTO 분석을 완료하였다. 해당 회사는 특허 침해 리스크가 사라졌다고 생각하고, 서스펜션 시스템을 제조하여 완성차 업체에 대량으로 납품했다.

그런데 3개월 후 자동차 부품 업계가 아닌 발전소 부품을 제조하는 C기업으로부터 특허 침해 경고장을 받았다. 내용을 분석해 보니 C기업이 보유한 가스터빈 엔진의 바닥 지지 마운트 특허를 침해하고 있다는 주장이었다. C기업의 특허 명세서에는 해당 마운트 특허는 진동이 발생할 수 있는 곳이면 제한 없이 적용이 가능하다는 내용이 포함되어 있었고, 높이 조절이 가능한 3단 마운트 구조가 개시되어 있었다.

침해 여부를 판단해 본 결과, 해당 3단 마운트 구조는 대상물의 마운트 구조와 실질적으로 동일하다는 사실을 확인하였고, 이에 따라 침해를 인정하여 C기업과 라이선스 계약을 체결하기로 합의하였다. 다행히 C기업이 동종업체가 아니고 경쟁 관계도 아니기 때문에 특허 침해 이슈가 비교적 수월하게 해결되어, 완성차 업체로의 추가 납품에도 문제가 없었다.

왜 FTO 분석이 실패했을까? 마운트 구조체에 대한 검색이 누락된 것이 첫 번째 이유이겠지만, 과연 막을 수 있는 실패였을까?

대상물 체계 분류표에서 마운트 구조체는 서스펜션 시스템의 '전용'으로 구분되었기 때문에, 해당 대상물 체계 분류표를 기준으로 한 검색에서는 서스펜션 시스템에만 사용되는 마운트 구조체가 검색되었다. 마운트 구조체가 서스펜션 시스템의 전용으로 구분되었기 때문에, 검색식 작성 시 '마운트 구조체에 대한 기술 키워드'와 '서스펜션 시스템에 대한 기술 키워드'가 'and 조건'으로 연결되어 검색되었고,[110] 이러한 검색식은 C기업의 특허를 발견하는 데 한계가 있었다.

만약 마운트 구조체가 서스펜션 시스템의 비전용으로 구분되었더라면 검색식에서 '서스펜션 시스템에 대한 기술 키워드'를 제외하였을 것이고,[111] 그러한 검색식으로 검색했더라면 C기업의 특허를 찾았을 수도 있었을 것이다.

그런데 실제로 분할 대상물이 '전용'인지, '비전용'인지를 완벽히 가려내는 것은 매우 어렵다. 전용물로 보이는 기술이라도 다른 분야의 특허 문헌에 발견될 수 있으며, 많은 특허 문헌에서 적용처를 특별히 한정하지 않은 경우도 많다.

그럼에도 불구하고, 분할 대상물이 '전용'인지, '비전용'인지에 대한 혼란으로 누락되는 문헌의 수는, 아예 분할 대상물에서 제외되어 누락되는 문헌의 수에 비하면 훨씬 적다. 위의 경우 12개의 중요 부분을 분할 대상물로 설정하였는데, 당연히 서스펜션 시스템의 분할 대상물이 12개로 한정되는 것은 아니다.

분할 대상물을 12개로 정한 이유는 특허 문헌이 많이 존재할 것으로 예상되는 부분들을 임의로 선정한 것에 불과하다. 그럼에도 불구하고, 검색된 특허 문헌이 지나치게 많을 경우 분할 대상물 없이 FTO 분석을 진행하는 것은 현실적으로 매우 어려운 경우가 많다.

또한 중요 특허 문헌의 누락을 염려하여 조사 인원을 추가 투입하여 분할 대

---

110 예를 들어 '(서스펜션 spension 현가*) and (마운트* 마운팅* mount* 장착* 설치*)' 의 검색식으로 작성되었을 수 있다.

111 예를 들어 '(마운트* 마운팅* mount* 장착* 설치*) and (복수단* 3단* 더블스프링*)' 의 검색식으로 작성되었을 수 있다.

상물 없이 원 대상물로만 진행하더라도, 대상물의 모든 비전용 부분에 대해 별도의 검색식을 구성하지 않으면 특허 문헌의 누락을 방지할 수 없다. 예를 들어 위의 예에서 원 대상물인 '서스펜션 시스템'으로만 검색어를 구성한다면 '마운트 구조체'에 대한 검색어가 없기 때문에 C기업의 특허를 찾아낼 수 없을 것이다.

그렇다면 특허 문헌의 누락을 방지하고자 서스펜션 시스템의 모든 부분에 대한 검색어를 '서스펜션 시스템'을 제외하고 별도로 구성할 수 있을까? 그러한 검색식의 구성은 '서스펜션 시스템'이라는 주된 검색 대상이 없어지기에 논리적으로도 검색에 의미가 없어지게 된다. 설령 그러한 작업이 가능하더라도 대상물을 이루는 모든 구성에 대해 FTO 분석을 할 수는 없는 노릇이다.[112]

이렇듯 검색 범위와 검색식을 정하기 위한 대상물의 특정 단계에서도 특허 문헌의 누락은 얼마든지 발생할 수 있으므로, 그러한 한계의 존재를 인식하고 FTO 분석의 설계를 수행하여야 한다.

3.3 특허 검색 관점에서의 한계

특허 검색은 주로 검색식을 통하여 이루어지는데, 이 과정에서 누락이 발생할 수 있는 것은 불가피한 일이다.

동일한 물건이라도 특허 문헌에 사용되는 용어는 다양하게 표현될 수 있고, 언어별로도 다르게 표현될 수 있다. 특히 우선권을 주장하며 여러 국가에 출원된 경우, 최초 출원된 국가의 용어로 표현된 후 이를 각 국가의 언어로 번역하는

---

112 예를 들어 서스펜션 시스템을 이루는 댐퍼에 대해 서스펜션 시스템에 한정되지 않은 댐퍼에 대한 검색을 수행하여 FTO 분석을 하였다고 하더라도 댐퍼의 하위 구성인 실린더, 댐퍼 오일, 유로 구성, 소재 등도 별개의 FTO 분석이 필요할 수 있다. AI가 미리 모든 특허 문헌을 학습하였다면 가능할지도 모르지만, 이 글을 쓰는 현재 시점에서는 아직 그러한 기술 발전에 이르지 못했다고 생각한다.

과정에서 다양한 표현이 사용될 수 있다.

예를 들면, 기판의 회로 패턴은 '회로 패턴', '전도성 패턴', '도전성 회로', '도전성 선로', '전도 트랙', '도전성 트랙' 등 다양한 용어로 표현될 수 있으며, 이러한 표현은 영어, 일본어, 중국어 등 각국 언어에 따라 다르게 나타날 수 있다.

따라서 동일 물건을 표현하더라도 검색식은 다양한 표현이 가능하므로 이를 기반으로 수행된 특허 검색에서 특허 문헌의 누락이 발생할 가능성은 항상 존재한다. 이를 방지하고자 여러 개의 검색식을 활용하더라도 특허 문헌의 누락을 완전히 막기는 어렵다.

또한 기술 분류표나 대상물 분류 체계도를 이용한 검색식을 구성하는 경우, 기술 분류표나 대상물 분류 체계도의 구성에 따라서도 검색식이 한정되기 때문에 특허 문헌의 누락이 발생될 가능성이 있다.

아울러 검색엔진의 성능 차이에 따라 누락되는 특허 문헌의 개수에도 차이가 발생할 수 있다.

그 외에도 다양한 원인으로 특허 검색 시 특허 문헌의 누락이 발생할 수 있으므로 그러한 한계를 충분히 인식하고 FTO 분석의 설계를 하여야 한다.

3.4 특허 침해 판단 관점에서의 한계

FTO 분석을 수행하는 분석자가 한국 변리사인 경우에는 한국법과 판례는 익숙하지만, 미국이나 유럽에서의 특허 침해 판단 기준을 적용하는데는 어려움이 있을 수 있다. 각국의 관련 법과 판례가 계속 변화하고 있기 때문에 균등론, 간접침해, 자유실시기술 등의 문제를 제대로 판단하려면 해당 국가의 관련 법의 변화와 최신 판례를 알아야 한다.

따라서 한국 변리사가 FTO 분석을 수행하여 문제가 없다고 판단하더라도 그러한 판단이 외국에서도 유효한지는 외국 현지의 변리사가 최종적으로 검토하는 것이 바람직하다.

또한 대부분의 해외의 특허 서지 정보도 한국에서도 확인할 수 있지만, 국가에 따라 알기 어려운 경우도 있다. 그 경우 특허유지료를 내지 않아 권리가 존재하지 않는 특허를 핵심 특허로 잘못 판단할 수 있다. 정말 중요한 사안이라면 현지 대리인에게 연락하여 해당 특허의 권리 상태를 정확히 확인하는 것이 필요하다.

4장

FTO 분석의 예시

- 컴퓨터 마우스에 대한 FTO 분석
- 터치스크린용 FPCB 모듈에 대한 FTO 분석: 부품과 완제품
- 공기부양정에 대한 FTO 분석
- 제과기계에 대한 FTO 분석
- 무선 충전 장치에 대한 FTO 분석

4장에서는 FTO 분석이 구체적으로 어떻게 수행되는지 다양한 예를 들어 설명한다. 여기서 다룰 5가지 예시는 실제 FTO 분석 사례는 아니지만, 저자의 경험을 바탕으로 구성된 것이다.

아래의 예시들에서 FTO 분석은 기업의 의뢰를 받아 변리사가 수행하는 방식으로 구성되어 있다.

4.1 컴퓨터 마우스에 대한 FTO 분석

4.1.1 분석 배경

FTO 분석의 의뢰인은 A기업으로서, 이 기업은 게임용 마우스를 제조하여 판매하는 기업이다.

A기업은 기존 마우스의 기계식 스크롤 휠이 회전 운동을 지지하기 위해 복잡한 축 지지 구조를 필요로 하고, 때때로 회전축 정렬 불량 등 고장이 발생되는 점을 고려하여 이를 대체할 기술을 연구하고 있었다.

이에 A기업은 마우스의 스크롤 휠을 터치패드로 대체하여 스크롤 휠 입력을 전자화하려는 콘셉트를 선정하였으며, 현재 기계적 구조, 전자 회로, 제어 방법 등의 구체적인 시스템 설계를 진행 중이다.

A기업은 기술 개발 초기 단계에서 FTO 분석을 수행하는 것이 사업 진행에 유리하다는 점을 잘 알고 있었다. 즉, 기술 개발 초기 단계이므로, 중요한 핵심 특허가 발견되면 이를 회피하는 회피설계가 비교적 용이하고, 설령 회피가 불가능한 핵심 특허가 발견되더라도 아직 생산 설비에 대한 투자가 이루어지지 않았기 때문에 아예 개발을 중단하여도 큰 손해를 보지 않을 수 있다는 점을 잘 인식하고 있었다.

따라서 A기업은 비교적 초기 단계에서 FTO 분석을 의뢰하였다.

4.1.2 FTO 분석의 실행

4.1.2.1 대상물의 특정

본 FTO 분석의 대상물은 A기업이 개발하는 마우스이며, 대상물인 마우스는 다음의 특징을 가지고 있다.

   i) '스크롤 터치 패드'와 관련된 장치 및 제어 기술 외에는 기존 마우스의 구성이 적용될 수 있음.

   ii) 마우스의 터치 패드의 기능은 스크롤 기능으로 제한됨.

   iii) 터치 패드는 마우스에만 적용되는 전용품이 아니라 비전용품임.

조사 전 분석자는 마우스의 스크롤 기능과 관련된 특허 현황을 모르기 때문에 해당 기술 분야에서 얼마나 세부적인 구성을 가진 특허가 출원되고 있는지 알 수 없었다. 따라서 특허 침해 판단 시에는 어려움이 발생할 수 있으므로, A기업의 기술자의 연락처를 받아 대상물의 2차 특정 시 기술에 대한 궁금증을 해소할 수 있도록 하였다.

4.1.2.2 특허 문헌의 검색

A기업에 연락하여 A기업이 이미 알고 있는 경쟁사명을 요청하였다. A기업의 주요 판매처는 한국과 미국이고, 제조는 중국에서 수행할 예정이므로 조사지역은 한국, 미국, 중국으로 한정하였다.

아울러 마우스에 관련된 기술 키워드 검색식을 작성하였으며, 이 검색식은 기술 분류표를 이용하여 구성하였다. 최종적으로 4개의 통합 검색식이 만들어졌으며, 이 중에는 경쟁사명을 포함한 검색식과 IPC 특허 분류를 포함하는 검색식도 포함되어 있었다.

이렇게 작성한 검색식으로 검색한 결과 총 7,000건의 특허 문헌이 검색되었다.

4.1.2.3 특허 침해 판단

(1) FTO 분석자는 검색된 7,000건의 특허 문헌을 A기업의 대상물과 비교하여 대상물과 관련이 없는 특허 문헌을 제외하는 방식으로 100건의 특허 문헌을 선별하였다.

(2) FTO 분석자는 A기업과의 회의를 통해 100건의 특허 문헌 중 최종적으로 30건의 핵심 특허를 선별하고, 각 핵심 특허를 기술 분류별로 분류하였다.

4.1.2.4 특허 이슈 방지 대응책을 강구하고 핵심 특허의 위험도를 결정함

(1) FTO 분석자는 30건의 핵심 특허의 위험을 판단하였다. 아래 표에 기재된 바와 같이 핵심 특허의 위험도는 '상', '중', '하'로 표기하였으며, 위험이 제일 높은 것을 '상'으로 분류하고, 위험이 제일 낮은 것을 '하'로 분류하였다.

핵심 특허 번호	출원인	출원번호	법적 상태	지역	특허 이슈 가능성	회피 가능성	추후 방안
1	C기업	2011-******	등록/Live	한국	상	가능	회피설계
2	D기업	12/******	등록/Live	미국	중	가능	회피설계
3	E기업	2016-******	등록/Live	중국	중	가능	회피설계
4	F기업	2017-******	등록/Live	한국	중	가능	회피설계
5	C기업	11/******	등록/Live	미국	하	가능	회피설계
6	D기업	2019-******	등록/Live	중국	상	가능	회피설계 무효조사 라이선스
.	.	.	.	.	.	.	.
.	.	.	.	.	.	.	.
.	.	.	.	.	.	.	.

(2) 터치패드를 마우스에 적용하는 개념 발명은 이미 소멸된 특허들에 존재하고 현재 유효한 특허에는 없었다. 그러나 터치패드와 마우스를 연결하기 위한 구체적인 세부 기술 즉, 터치패드의 신호를 마우스 신호와 통합하는 기술이나 터치패드의 스크롤 신호 처리 방법 등에 대해서는 유효한 특허가 다수 존재하여 회피 설계가 필요한 사례가 있었다.

4.2 터치스크린용 FPCB 모듈에 대한 FTO 분석: 부품과 완제품

4.2.1 분석 배경

A기업은 '터치스크린용 FPCB 모듈'을 제조하여 B기업에 납품하려는 기업이고, B기업은 A기업이 납품한 FPCB 모듈을 사용하여 '터치스크린 장치'를 제조하는 업체이다.

한편, C기업은 B기업과 마찬가지로 '터치스크린 장치'를 제조하는 경쟁업체로서 '터치스크린 장치'에 대한 다수의 특허를 보유하고 있다.

특히 C기업은 '터치스크린 장치'를 제조하는 완제품 업체지만 터치스크린 장치에 적용되는 'FPCB 모듈'에 대한 특허도 다수 보유하고 있어, '터치스크린용 FPCB 모듈'을 제조하고자 하는 후발업체들에게 큰 장벽이 되고 있다. C기업은 적극적인 특허권 행사와 특허소송을 자주하는 기업으로 관련 업계의 기업들은 항상 긴장하고 있는 상황이다.

따라서 터치스크린용 FPCB 모듈을 개발하기 전에 미리 C기업의 특허를 검토하여 기술 개발에 있어 장애 사항을 파악하고 이를 제품 설계에 반영함으로써 특허 이슈의 발생을 사전에 방지하는 것이 필요하다.

이에 A기업은 자사가 개발 중인 '터치스크린용 FPCB 모듈'이 C기업의 특허를 침해할 가능성이 있는지 검토하기 위해 FTO 분석을 의뢰하였다.

4.2.2 FTO 분석의 실행

4.2.2.1 대상물의 특정

본 FTO 분석의 대상물은 A기업이 개발한 FPCB 모듈이며, 이미 개발이 완료되어 시제품이 제작된 상태이다. A기업의 FPCB 모듈은 터치스크린 장치 전용으로 개발되었다.

FTO 분석자는 A기업의 개발자로부터 FPCB 모듈의 구체적인 구조에 대해 설명을 듣고, 이를 구성하는 부품과 소재에 대해 정보도 얻었다. 아울러 해당 FPCB 모듈의 제조 방법에 대한 설명도 들었으며, 해당 FPCB 모듈이 적용되는 B기업의 터치스크린 장치의 구체적인 구성에 대해서도 자세한 설명을 들었다.

A기업의 FPCB 모듈에 대한 자세한 설명을 들었더라도 C기업의 특허와 비교할 때 특허 침해 판단이 어려운 문제가 충분히 발생할 수 있기에, A기업 개발자의 연락처를 받아 대상물의 2차 특정이 필요한 경우 궁금증을 해소할 수 있도록 하였다.

4.2.2.2 특허 문헌의 검색

부품 제조 업체인 A기업은 B기업 외에는 다른 납품처가 없고, 완제품 제조 업체인 B기업이 주로 한국 내에서 사업을 운영하기 때문에 조사 지역을 한국으로 한정하기를 원하였다. 이에 따라 조사 지역은 한국으로 한정하였다.

먼저 C기업의 특허 문헌 수를 조사한 결과 C기업이 한국 특허청에 출원하여 공개/등록된 특허 문헌의 총 개수가 2만건을 초과하는 것으로 나타났다. 따라서 C기업의 전체 특허 건수를 모두 살펴보는 것은 어려워 기술 키워드 검색으로 특허 문헌을 한정하기로 하였다. 즉, C기업이 출원인/양수인인 특허 문헌 중 FPCB 모듈과 관련된 특허를 검색하였다.

이 검색 결과 총 2,500건의 특허 문헌이 검색되었다.

4.2.2.3 특허 침해 판단

(1) FTO 분석자는, 검색된 C기업의 2,500건의 특허 문헌을 A기업의 FPCB 모듈(대상물)과 비교하여, 대상물과 관련이 없는 특허 문헌을 제외하는 방식으로 80건의 특허 문헌을 선별하였다.

(2) FTO 분석자는 A기업의 개발자와 함께 선별된 80건을 검토한 후, 그중 10건을 핵심 특허로 선별하고 분석하였다. 선별 과정에서 80건의 핵심 특허에 대한 청구항 분석뿐만 아니라 '현재 법적 상태[113]', '남은 존속 기간' 등도 확인하였다. 아울러 A기업의 'FPCB 모듈'은 '터치스크린 장치'의 '부품'이므로 '직접 침해' 여부뿐만 아니라 '간접 침해' 여부도 판단하였다.

4.2.2.4 특허 이슈 방지 대응책을 강구하고 핵심 특허의 위험도를 결정함

FTO 분석자는 10건의 핵심 특허의 위험도를 평가하였으며, 하기 표에 기재된 바와 같이 핵심 특허의 위험도를 '상', '중', '하'로 구분하였다. 위험도가 제일 높은 것을 '상'으로 분류하고, 위험도가 제일 낮은 것을 '하'로 분류하였다.

핵심 특허 중 A기업의 'FPCB 모듈'과 특허 이슈가 발생할 가능성이 높은 것으로 평가된 4건(핵심 특허 6, 8, 9, 10)은 이미 등록된 상태이고 현재 권리가 유지되고 있으므로, 이들에 대해 회피 설계를 수행하여 특허 이슈를 예방하는 것이 필요하다고 판단되었다. 만약 회피 설계가 어렵다고 하면 해당 특허의 라이선스를 허여받는 방안[114]을 고려할 수 있으며, 무효 조사 후 무효 심판을 청구하는 방안도 고려할 수 있다.

또한 핵심 특허 중 아직 심사 전이거나 심사 중인 3건(핵심 특허 3, 4, 5)은 등록이 되면 출원 시의 권리 범위와 달라질 수 있으므로, 심사 현황을 지속적으로 추적하여 확인하여야 한다. 만약 핵심 특허에 거절 이유가 있다면 정보 제공 등의

---

113 특허 유지료 납부 상태도 검토하였다.
114 가능하다면 해당 특허의 매입도 고려할 수 있다.

방법으로 등록을 저지하는 방법도 고려할 수 있다.

핵심 특허 번호	위험도	출원번호	법적 상태	FPCB 모듈의 특허 이슈 가능성 (직접침해)	터치스크린 장치의 특허 이슈 가능성 (간접침해)	회피 가능성	추후 방안
1	중	2011- ******	등록/ Live	높음	낮음	가능	회피설계
2	중	2013- ******	등록/ Live	높음	낮음	가능	회피설계
3	중	2016- ******	공개	높음	높음	가능	회피설계
4	하	2017- ******	공개	높음	낮음	가능	회피설계
5	중	2018- ******	공개	높음	높음	가능	회피설계
6	상	2019- ******	등록/ Live	매우 높음	낮음	가능	회피설계 무효조사 라이선스
7	하	2012- ******	등록/ Live	낮음	높음	가능	회피설계 무효조사 라이선스
8	상	2012- ******	등록/ Live	매우 높음	낮음	가능	회피설계 무효조사
9	상	2013- ******	등록/ Live	매우 높음	낮음	가능	회피설계
10	상	2013- ******	등록/ Live	높음	높음	가능	회피설계 무효조사

4.3.1 분석 배경

FTO 분석의 의뢰인은 한국의 A기업으로, 독일의 B기업에 투자하려는 기업이다.

B기업은 '공기부양정'을 제조 및 판매하는 회사로서, 현재 영국에 공장이 있으며 향후 주로 미국에서 해당 제품을 판매할 예정이다. B기업은 원래 민간 일반 선박 등을 제작하던 회사로 공기부양정으로 사업을 시작하기 위해 지난 5년 동안 관련 연구 개발을 진행해 왔다.

B기업은 공기부양정과 관련된 특허권 50건을 보유하고 있으며, 그중 20건은 미국 특허이다. 그러나 공기부양정 개발은 아직 완성되지 않았고, 시제품도 제작되지 않은 상태이다. 다만 주요 외부 구조와 디자인은 거의 결정이 된 상태이며, 동력 전달 시스템과 연료 전지 제어 시스템은 보유 특허를 이용하여 구현할 계획이다.

A기업은 B기업에 대한 투자 여부를 결정하기 위해 B기업이 보유한 특허 분석 및 IP 리스크 분석을 의뢰하였다. 즉, B기업이 보유하고 있는 특허가 유효성(신규성, 진보성) 측면에서 무효 공격에 얼마나 강한지, 보유 특허 라인업이 제품을 생산하기에 충분한지, 만약 부족하다면 라이선스는 충분한지, B기업의 보유 특허를 실시하면 이용 침해가 발생하는지, B기업의 제품을 실시하면 특허 침해 이슈가 발생하는지 등을 의뢰하였다.

의뢰인은 B기업의 특허권, 상표권 등의 IP 가치 산정을 별도의 회계법인에 요청하였는데, 현재 B기업의 제품이 판매되고 있지 않기 때문에 해당 회계법인은 미국 내 공기부양정의 시장 규모와 경쟁사의 수 등을 검토하여 B기업의 제품이 판매될 경우의 미래의 현금 흐름을 추정하여 특허권 및 상표권 등의 IP 가치를 계산하였다.

분석자는 B기업이 보유하고 있는 특허의 유효성(특허성)을 검증하고, FTO 분석을 통해 제품 실시 시의 특허 침해 가능성과 보유 특허의 실시로 일어날 수 있는 이용 침해 가능성을 조사하였다.

여기에서는 FTO 분석 부분을 설명한다.

4.3.2 FTO 분석의 실행

4.3.2.1 대상물의 특정

본 FTO 분석의 대상물은 B기업이 개발하는 공기부양정인데, 대략의 설계 구성은 나와 있지만 아직 동력 전달 시스템 및 연료 전지 제어 시스템에 대한 내용은 완성되지 않았으며 그 부분은 B기업의 보유 특허를 이용하여 설계하고 제조할 예정이다.

따라서 대상물의 특정에 있어서 외부 형상, 외부 구조, 부양 시스템, 안전 관리 시스템, 추진 시스템은 설계도와 사양에 명시된 내용을 적용하되, '동력 전달 시스템' 및 '연료 전지 제어 시스템'에 대한 사항은 B기업의 관련 보유 특허 10건의 내용을 기준으로 특정하였다.

즉, 대상물의 일부는 대상물의 설계 도면과 사양 등을 기반으로 특정하고, 나머지 동력 전달 시스템 및 연료 전지 제어 시스템에 대한 사항은 보유특허가 그대로 제품에 적용된다고 가정하여 '1차 특정'을 수행하였다.

B기업은 A기업의 투자가 거의 확실하다는 소식을 듣고 개발 중인 제품의 개략적인 예상 설계도, 자세한 사양, 보유 특허 현황, 라이선스 정보를 A기업에게 제공했고 기술 현황에 대해서도 자세히 설명하였다.

조사 전 분석자는 공기부양정 분야의 특허 현황을 잘 알지 못했기 때문에 해당 기술 분야에서 얼마나 세부적인 구성을 가진 특허가 출원되고 있는지 파악하기 어려웠다. 따라서 침해 판단 시 어려움이 발생할 수 있으므로, A기업 및 B기업의 기술자의 연락처를 받아 대상물의 '2차 특정' 시 필요한 정보를 얻을 수 있도록 하였다.

4.3.2.2 특허 문헌의 검색

B기업이 제품을 주로 판매할 지역은 미국이고, 제조는 독일 공장과 미국 공장에서 수행할 예정이므로 조사 지역은 유럽과 미국으로 한정하였다.

일단 A기업과 B기업에 연락하여 알고 있는 경쟁사명을 요청하였고, 아울러 공기부양정(hovercraft)에 관련된 기술 키워드 검색식을 작성하였다. 단순히 "공기부양정"이나 "hovercraft" 키워드를 포함한 검색식으로는 검색되는 특허 문헌의 개수가 적어서 공기를 분사하여 선체를 띄우는 운송수단(vehicle)의 개념으로 보다 넓게 검색식을 작성하였다. 최종적으로 6개의 통합 검색식이 만들어졌으며, 이 중에는 경쟁사명을 포함한 검색식과 IPC 특허 분류를 포함하는 검색식도 포함되었다.

이렇게 만들어진 검색식으로 검색 결과 총 3,600건의 특허 문헌이 검색되었다.

4.3.2.3 특허 침해 판단

(1) FTO 분석자는 검색된 3,600건의 특허 문헌을 B기업의 공기부양정(대상물)과 비교하여 대상물과 관련이 없는 특허 문헌을 제외하는 방식으로 300건의 특허 문헌을 선별하였다.

(2) FTO 분석자는 B기업과 5차례의 회의를 통해 300건의 특허 문헌 중 최종적으로 40건의 핵심 특허를 선별하고, 각 핵심 특허를 기술 분류별로 정리하였다.

(3) FTO 분석은 B기업의 보유 특허 분석[115]과 함께 진행되었는데, B기업의 보유 특허의 출원 심사 과정에서 인용된 인용참증을 살펴보는 과정에서 여러 개의 핵심 특허들이 추가로 발견되었다. 특히, 동력 전달 시스템과 연료 전지 제어

---

115 주로 신규성, 진보성과 관련된 특허 유효성 분석으로 진행된다.

시스템에 대해서는 보유 특허 내용을 대상물로 정의하였기 때문에 심사 과정에서 인용된 인용참증이 핵심 특허가 되는 비율이 높았다.

4.3.2.4 특허 이슈 방지 대응책을 강구하고 핵심 특허의 위험을 평가함

(1) FTO 분석자는 40건의 핵심 특허의 위험을 평가하였다. 하기 표에 기재된 바와 같이 핵심 특허의 위험은 '실질 위험', '개발 위험', '잠재 위험'으로 구분하였다.

분류	정의	FTO 결과
실질 위험	현재 SPEC의 공기부양정을 그대로 실시할 경우, 현재 유효한 특허권에 의해 특허 침해 이슈가 발생할 위험.	7건
개발 위험	현재 SPEC의 공기부양정에 변형을 주거나 새로운 구성을 추가하였을 때, 현재 유효한 특허권에 의해 특허 침해 이슈가 발생할 위험.	28건
잠재 위험	현재 SPEC의 공기부양정을 그대로 실시할 경우, 향후 등록이 예상되는 특허출원의 권리 범위에 의해 특허 침해 이슈가 발생할 위험.	5건

공기부양정에 대한 FTO 분석

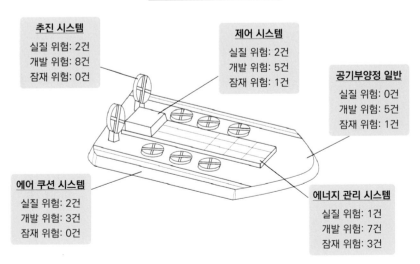

추진 시스템
실질 위험: 2건
개발 위험: 8건
잠재 위험: 0건

제어 시스템
실질 위험: 2건
개발 위험: 5건
잠재 위험: 1건

공기부양정 일반
실질 위험: 0건
개발 위험: 5건
잠재 위험: 1건

에어 쿠션 시스템
실질 위험: 2건
개발 위험: 3건
잠재 위험: 0건

에너지 관리 시스템
실질 위험: 1건
개발 위험: 7건
잠재 위험: 3건

(2) 공기부양정에 대한 핵심 특허를 도출하여 FTO 분석을 수행한 결과, 현재 즉시 실시할 경우에 특허 이슈가 발생할 위험이 있는 '실질 위험' 특허의 개수는 7건이었고, 개발 과정에서 위험이 존재할 수 있는 '개발 위험' 특허의 개수는 28건이었고, 잠재적으로 위험이 존재할 수 있는 '잠재 위험' 특허의 개수는 5건으로 나타났다.

실질 위험 특허 중 US 9*****1호와 US 9*****2호가 특히 위험한데, 그중 더 위험한 특허는 US 9*****1호이다. 그 이유는 US 9*****1호의 경우 미국 내에서만 5건의 후속 출원(연속출원, 부분연속출원, 분할출원)이 이루어졌으며, 최근까지도 분할출원을 통해 권리 범위의 확장을 계속 시도하고 있기 때문이다.

하기 표는 '실질 위험'으로 분류된 핵심 특허 7건에 대한 요약표이다.

No.	국가	출원인/ 양수인	등록번호/ 출원번호	법적 상태	예상권리만료일 분야	독립항 개수	회피 가능성	추후 방안
1	US	D기업	US 6******/ US 10/1*****	등록/ Live	2027.5.10. Propulsion	2	가능	회피설계
2	US	E기업	US 5*****/ US 10/1*****	등록/ Live	2028.6.16 Propulsion	2	가능	회피설계
3	US	F기업	US 7*****/ US 11/5*****	등록/ Live	2030.9.1. Control system	2	가능	무효조사/ 회피설계
4	US	D기업	US 9*****/ US 14/******	등록/ Live	2034.6.25. Control system	3	어려움	무효조사/ 매입/ 라이선스
5	US	G 기업	US 9******/ US 13/*****	등록/ Live	2030.10.6. Energy Management	2	어려움	무효조사/ 회피설계

				2030.12.23.			
6	US	H 기업	US 8******/ US 12/6******	등록/ Live	Air-cushion system	1	가능	회피설계
7	US	F 기업	US 9******/ US 14/*****	등록/ Live	2034.3.20. Air-cushion system	1	어려움	무효조사

(3) 해당 FTO 보고서는 투자 결정 이후 B기업에도 공유되었는데, 보고서를 받기 전에 이미 B기업은 보고서에 언급된 핵심 특허 중 일부가 자사의 제품과 특허 이슈가 발생할 수 있다는 사실을 인식하고 있었고 일부 특허에 대한 라이선스 취득도 시도하고 있었다.

4.4 제과기계에 대한 FTO 분석

4.4.1 분석 배경

FTO 분석의 의뢰인은 제과, 제빵 등에 사용되는 반죽기와 발효기 등을 제조하는 A기업으로서 국내 식품회사인 B기업에 제품을 납품하려는 기업이다. 한편, C기업은 지난 20년간 반죽기와 발효기 등을 제조하여 B기업에 납품해 온 기업이다. B기업은 C기업이 독점적으로 납품해 왔던 반죽기와 발효기의 일부 종류를 A기업에게도 발주할 예정이다.

B기업은 다양한 종류의 빵과 과자 등을 제조하여 국내 소매시장 점유율 30%에 달하는 대기업으로, 각 제조 라인에 배치되는 반죽기와 발효기의 종류가 다양하다.

B기업은 A기업에게 2종류의 반죽기와 1종류의 발효기를 주문할 예정이며, 주문 전에 A기업 제품들이 C기업의 특허를 침해하는지 A기업에게 검토를 요청하였다. 만약 A기업이 납품한 반죽기와 발효기가 C기업의 특허를 침해한다면

그 침해품을 사용한 B기업도 특허 침해에 해당되어 난처한 입장에 처할 수 있기 때문이다.[116]

이에 A기업은 자사의 제품이 C기업의 특허를 침해할 가능성이 있는지 검토하기 위해 FTO 분석을 의뢰하였다.

여기서 B기업의 입장에 대해 추가로 설명하면, B기업은 A기업과 C기업 간의 특허 이슈만을 염두에 두고 있었다. 이는 반죽기와 발효기 제조 업체가 국내에 극소수에 불과하고, B기업이 생산하는 빵과 과자 등이 대부분 국내에서 소비되고,[117] 공장도 한국에만 있기 때문에 B기업은 다른 기업과의 특허 이슈에 대해서는 큰 신경을 쓰지 않았다.

분석자는 A기업의 2종류의 반죽기와 1종류의 발효기가 C기업의 특허를 침해하는지 FTO 분석을 실시하였다.

4.4.2 FTO 분석의 실행

4.4.2.1 대상물의 특정

본 FTO 분석의 대상물은 A기업이 새로 개발한 2종류의 반죽기(제1 반죽기, 제2 반죽기)와 1종류의 발효기이다.

FTO 분석자는 A기업의 개발자로부터 새로 개발한 반죽기와 발효기에 대한 도면, 사양 등을 얻고, 이들의 작동, 기능 등에 대한 설명도 자세히 들었다. 그러나 개발자로부터 반죽기와 발효기에 대해 설명을 자세히 설명을 들어도 C기업의 특허와 비교할 때 특허 침해 판단에 어려움이 있을 수 있기 때문에 A기업의

---

116 물론 그러한 경우에 협력업체인 C기업이 B기업을 상대로 침해를 주장하지 않을 것으로 예상되지만, B기업이 A기업을 새로운 공급 업체로 선정하려는 상황에서 B기업과 C기업의 관계가 나빠질 경우 침해를 주장할 가능성도 존재한다.

117 특허제품을 이용하여 생산된 물건의 사용은 특허물의 사용이 되지 않는다는 것에는 다음 문헌을 참조: 손경한 and 박진아, "특허발명의 실시개념에 관한 신고찰", 법조 54, no.6 (2005): p.76.

개발자의 연락처를 확보하여 대상물의 '2차 특정'이 필요한 경우 신속하게 추가 정보를 요청할 수 있게 하였다.

4.4.2.2 특허 문헌의 검색

C기업의 한국 내 특허를 살펴본 결과, 현재 등록된 특허건은 1,100건이고, 출원 후 공개된 건들은 200건[118]이었다. 총 1,300건에 불과하여 전체 건수를 검토하기로 하였다.

4.4.2.3 특허 침해 판단

(1) FTO 분석자는 전체 1,300건의 특허 문헌을 A기업의 대상물들과 비교하여 100건의 특허 문헌을 선별하였다.

(2) FTO 분석자는 A기업의 개발자와의 회의를 통해 100건의 특허 문헌 중 최종적으로 12건의 핵심 특허를 선정하였다.

4.4.2.4 특허 이슈 방지 대응책을 강구하고 핵심 특허의 위험도를 결정함

(1) FTO 분석자는 12건의 핵심 특허의 위험도를 평가하였으며, 하기 표에 기재된 바와 같이 핵심 특허의 위험도를 '상', '중', '하'로 구분하였다. 위험이 제일 높은 것을 '상'으로 분류하고, 위험도가 제일 낮은 것을 '하'로 분류하였다.

핵심 특허 번호	대상물	출원번호	법적 상태	특허 이슈 가능성	회피 가능성	추후 방안
1	제1반죽기	2014-******	등록/ Live	중	가능	회피설계
2	제1반죽기	2013-******	등록/ Live	상	불가능	무효조사 라이선스

---

118 출원 후 거절 전이거나 등록 전 상태이다.

3	제1반죽기	2023-******	공개	중	가능	회피설계
4	제1반죽기	2022-******	공개	하	가능	회피설계
5	제2반죽기	2022-******	공개	중	가능	회피설계
6	제2반죽기	2019-******	등록/ Live	하	가능	회피설계
7	제2반죽기	2012-******	등록/ Live	중	가능	회피설계 무효조사 라이선스
8	제2반죽기	2012-******	등록/ Live	중	가능	회피설계 무효조사
9	제2반죽기	2016-******	등록/ Live	하	가능	회피설계
10	발효기	2017-******	등록/ Live	중	가능	회피설계 무효조사
11	발효기	2013-******	등록/ Live	중	가능	회피설계 무효조사
12	발효기	2013-******	등록/ Live	중	가능	회피설계 무효조사

(2) 또한, 하기 표에 기재된 바와 같이 핵심 특허의 위험을 실질 위험, 잠재 위험, 개발 위험으로 구분하였다.

분류	정의	제1 반죽기 FTO 결과	제2 반죽기 FTO 결과	발효기 FTO 결과
실질 위험	현재 SPEC의 제품을 그대로 실시할 경우, **현재 유효한 특허권에** 의해 특허 침해 이슈가 발생할 위험.	1건	2건	1건
개발 위험	현재 SPEC의 제품에 **변형을 주거나 새로운 구성을 추가**하였을 때, **현재 유효한 특허권에** 의해 특허 침해 이슈가 발생할 위험.	1건	3건	2건
잠재 위험	현재 SPEC의 제품을 그대로 실시할 경우, **향후 등록이 예상되는 특허출원의 권리 범위**에 의해 특허 침해 이슈가 발생할 위험	2건	0건	0건

(3) A기업은 FTO 분석 결과를 B기업에 보고하였다. B기업은 분석 결과를 검토하고, 핵심 특허 번호 2번의 경우 회피 설계가 불가능하므로 C기업과 라이선스 계약을 체결하도록 주선해 주었다. 나머지 핵심 특허에 대해서는 A기업에게 회피 설계를 요청하였다.

4.5 무선 충전 장치에 대한 FTO 분석

4.5.1 분석 배경

FTO 분석의 의뢰인은 국내의 A기업으로, 신성장동력을 찾던 중 무선 충전 기술에 관심을 갖게 되었다. A기업은 팀을 구성하여 무선 충전 기술에 대한 선행 조사를 진행했는데, 많은 특허를 보유하고 뛰어난 기술력을 가진 미국의 B기업을 발견하게 되었다. 알아보니 해당 B기업은 창업한 지 2년이 된 소기업으로 현재 자금난을 겪고 있었고, 새로운 투자자를 찾고 있었다.

의뢰인은 고민 끝에 현재 해당 시장 규모를 고려할 때 새로운 기술을 개발하는 것보다 B기업의 지분을 매입하여 자회사로 만드는 것이 유리하다고 판단하였다.

해당 B기업의 창업자는 미국의 유명한 C대학교 교수였는데, 무선 충전 기술을 연구하다가 다수의 원천 특허를 보유하게 되었다. 그는 C대학에서 캠퍼스 창업한 후 퇴직하여 B기업을 설립하였는데, 대학 재직 당시의 연구는 대학 재단에서 자금을 받아 진행되었고, 대학 재직 시의 연구 개발로 얻은 원천 특허는 C대학에 양도하여 C대학의 소유가 된 상태이다.

해당 B기업은 창업자가 발명한 원천 특허 10건에 대해 C대학으로부터 배타적 라이선스(Exclusive License)를 받아 사용하고 있으며, 창업 이후 새로 개발한 80건의 특허도 보유하고 있었다.

A기업은 해당 B기업의 보유 특허와 라이선스 특허의 유효성을 검증하는 분

석을 요청하였고, B기업 제품에 대한 FTO 분석도 함께 의뢰하였다. 또한 해당 기술 분야의 전체적인 기술 동향을 파악하기 위해 무선 충전 기술 및 무선 충전 제품과 관련된 특허 동향 조사도 요청하였다.

이하에서는 위의 여러 특허 조사 중 FTO 분석 부분을 설명한다.

4.5.2 FTO 분석의 실행

4.5.2.1 대상물의 특정

본 FTO 분석의 대상물은 B기업이 제조하는 2종류의 무선 충전 장치이다. 해당 제품은 시장에 출시된 지 1년이 조금 넘었는데, 아직 타인의 특허를 침해했다는 경고나 소송을 받지 않은 상태였다. 일단 해당 제품이 출시는 되었지만 비효율적인 마케팅 방법 등에 문제가 있었고, 더군다나 아직 무선 충전 시장이 충분히 성숙되지 않아서 매출은 낮은 상태였다. 따라서 경쟁사의 특허를 침해하고 있더라도 경쟁사가 이를 적극적으로 주장하지 않을 가능성이 있었다.

A기업이 B기업의 지분 상당 부분을 인수하더라도 고용은 그대로 유지되고 경영은 계속 창업자에게 맡기는 것으로 합의가 된 상태였으므로, 창업자는 지분 인수에 호의적이었다. 따라서 B기업으로부터 현재 제품에 대한 정보를 충분히 받을 수 있었다.

또한, B기업이 C대학교로부터 라이선스를 받은 특허 목록을 확보하여 원천 특허와 개량 특허에 대한 B기업의 특허 포트폴리오를 작성할 수 있었다(하기 표 참조). 아울러 B기업은 대상물인 2가지 제품 각각에 적용된 보유 특허 번호와 원천 특허 번호를 제공해 주어 FTO 분석 시 이용 침해 판단에 큰 도움이 되었다.

정리하자면 FTO 분석의 대상물인 2종류의 무선 충전 장치는 도면, 기술 사양, 기능 및 구조 설명서를 통해 메인 구성을 특정하였다. 또한 무선 충전 장치 내부 부품의 구성, 제어 방법 및 알고리즘 등은 해당 대상물에 적용된 보유 특허

와 원천 특허를 이용하여 특정하였다.[119]

최선 출원시기 (년도)	B사가 라이선스 받은 C대학교의 특허	B사의 보유 특허 중 미국에서 등록된 특허
2011	US 90****(C대학) US 91****(C대학)	
2012	US 91****(C대학) US 12****(C대학)	
2013	US 11****(C대학)	
2014	US 13****(C대학) US 12****(C대학)	
2015	US 14****(C대학) US 13****(C대학) US 12****(C대학)	US 10****
2016		US 13**** US 10**** US 11**** US 12**** US 13**** US 13****
2017		US 13**** US 10**** US 11**** US 13**** US 10**** US 11**** US 12**** US 13****

119 앞서 설명한 바와 같이, 보유 특허와 원천 특허가 대상물의 구성으로 특정된 경우에는
　　침해 가능성 있는 타인의 선행 특허가 발견되면 이용 침해인지 판단하게 된다.

2018		US 13**** US 10**** US 11**** US 12**** US 14****
2019		US 15**** US 16****
2020		US 16****

4.5.2.2 특허 문헌의 검색

B기업의 주요 판매처는 미국이고, 제조 또한 미국 내의 공장에서 이루어지므로 FTO 분석의 조사 지역은 미국으로 한정할 수 있었지만, 조사 지역을 미국, 한국, 일본, 유럽으로 확장하여 조사하였다. 이는 특허 동향 조사의 조사 지역이 미국, 한국, 일본, 유럽이었기 때문에 FTO 분석의 조사 지역도 특허 동향 조사의 조사 지역과 일치시켜 특허 동향 조사의 검색 데이터를 활용하기 위함이다.

B기업에 연락하여 주요 경쟁사의 명칭을 요청하고 이를 바탕으로 경쟁사 검색식을 작성하였다. 또한 무선 충전 장치에 대한 IPC 특허 분류를 이용한 검색식도 추가로 작성하였고, 검색식 작성 시 특허 동향 조사에 사용된 기술 분류표의 각 항목도 이용하였다.

검색 결과 미국에서 3,600건, 한국에서 1,200건, 일본에서 2,200건, 유럽에서 1,300건으로 총 8,300건의 특허문헌이 검색되었다.

4.5.2.3 특허 침해 판단

(1) FTO 분석자는 총 8,300건의 특허 문헌을 B기업의 2종류의 무선충전장치(대상물)와 비교하여 대상물과 관련이 없는 특허 문헌을 제외하는 방식으로 120건의 특허 문헌을 선별하였다.

(2) FTO 분석자는 A기업 및 B기업과 회의를 통해 120건의 특허 문헌 중 최

종적으로 30건의 핵심 특허를 선정하였다.

4.5.2.4 특허 이슈 방지 대응책을 강구하고 핵심 특허의 위험도를 결정함

(1) FTO 분석자는 30건의 핵심 특허의 위험도를 판단하였다. 아래 표에 기재된 바와 같이 핵심 특허의 위험도는 '상', '중', '하'로 표기하였으며, 위험이 제일 높은 것을 '상'으로 분류하고, 위험이 제일 낮은 것을 '하'로 분류하였다.

핵심 특허 번호	대상물 무선충전장치 1, 2	출원인/ 양수인	출원번호	법적 상태	위험도 (특허 이슈 가능성)	회피 가능성	추후 방안
1	제1, 2장치	Dofg**	US 11/******	등록/ Live	중	가능	회피설계
2	제1, 2장치	Aggl**	US 11/******	등록/ Live	상	불가능	무효조사 라이선스
3	제1, 2장치	son**	US 12/******	공개	중	가능	회피설계
4	제1장치	sam**	US 11/******	공개	하	가능	회피설계
5	제2장치	LG**	US 13/******	공개	중	가능	회피설계
6	제1, 2장치	Micr*	US 13/******	등록/ Live	하	가능	회피설계
7	제1장치	sam**	US 10/******	등록/ Live	중	가능	회피설계 무효조사 라이선스
8	제1, 2장치	Dofg**	US 12/******	등록/ Live	중	가능	회피설계 무효조사
9	제1, 2장치	Aggl**	US 13/******	등록/ Live	하	가능	회피설계
. . .	. . .	. . .	. . .	. . .	. . .	. . .	. . .

(2) 또한, 하기 표에 기재된 바와 같이 핵심 특허의 위험을 실질 위험, 잠재 위험, 개발 위험으로 구분하였다.

분류	정의	제1 무선 충전 장치 FTO 결과	제2 무선 충전 장치 FTO 결과	합계
실질 위험	현재 SPEC의 제품을 그대로 실시할 경우, 현재 유효한 특허권에 의해 특허 침해 이슈가 발생할 위험.	5건	4건	9건
개발 위험	현재 SPEC의 제품에 변형을 주거나 새로운 구성을 추가하였을 때, 현재 유효한 특허권에 의해 특허 침해 이슈가 발생할 위험.	10건	7건	17건
잠재 위험	현재 SPEC의 제품을 그대로 실시할 경우, 향후 등록이 예상되는 특허출원의 권리 범위에 의해 특허 침해 이슈가 발생할 위험	3건	1건	4건

(3) A기업은 위험도가 '상'인 핵심 특허를 분석하는 과정에서 일부 핵심 특허가 C대학교의 원천 특허에 의해 무효 사유가 있음을 발견하였다. 이에 따라 핵심 특허의 소유자가 침해를 주장할 경우, 해당 핵심 특허의 무효를 주장하며 협상을 시도할 수 있다고 판단했다.

5장

Freedom
·
to
·
Operate

FTO 분석의 미래: AI 활용

- FTO 분석과 AI
- FTO 분석에서 AI가 처리할 수 있는 작업들
- FTO 분석에서 AI 활용의 한계

1474년에 제정된 베니스 특허법이 최초의 특허법이라 알려져 있지만, 1623년에 제정된 특허법인 영국의 전매 조례는 급격한 기술 발전을 촉진시켜 산업혁명을 이끌었다고 한다. 이처럼 특허제도는 기술을 공개하는 대가로 일정 기간 독점적인 지위를 부여하여 기술 발전을 촉진해 왔다고 여겨지고 있다.

특허를 침해한 경우, 민사상 책임과 형사상 책임이 따르기 때문에 기업들은 자신의 제품이나 서비스가 타인의 특허를 침해하지 않도록 노력한다.[120] 특히 경쟁사의 특허를 침해할 경우 분쟁으로 쉽게 이어질 수 있으므로 사전에 침해를 예방하기 위해 연구 개발 단계에서부터 각별한 주의를 기울이고 있다.

정보통신이 발달하지 못했던 시대에는 어떤 기술이 특허로 등록되었는지를 알기 위해 특허청에 직접 방문하여 공보를 찾아야 했다. 따라서 제품을 개발하고 제조하는 사업자들은, 특허권자가 시장에서 판매되는 제품을 제시하며 해당 제품이 자신의 특허를 침해한다고 주장하기 전까지는 자신이 제조한 제품이 특허권을 침해하는지 알기가 어려웠다. 제품 개발 시 미리 특허 침해를 예상하고 회피 설계를 하기가 어려웠기에, 특허의 존재를 모르고 사업을 하다가 침해자로 지목된 경우 손해 배상뿐만 아니라 자신의 사업도 접어야 하는 상황이 발생할 수 있었다.

이제 시대가 바뀌어 인터넷으로 세계 각국의 특허를 조사하는 것이 당연해졌다. 따라서 연구 개발을 수행하는 기업들은, 자신이 개발하고 있는 기술이 기존 특허와 비교하여 침해 우려가 있는지를 조사하고, 특허 이슈 발생 가능성이 있으면 회피 설계, 라이선스 등을 시도하는 등의 방식으로 IP 리스크를 경감하려 한다. 또한 외국에서 제품을 수입하거나 외국에서 유행하는 서비스를 자국

---

120 자신이 제조하고 판매하는 제품이나 서비스가 타인의 특허를 침해하게 되면 특허 소송으로 막대한 배상금과 더불어 제품 라인업, 제조 공정 및 설비도 조정을 해야 하기에 기업 운영에 큰 차질을 주게 된다.

으로 도입하려는 사업자들도 사전에 자국의 특허권을 조사함으로써 IP 리스크를 줄이려고 하고 있다.

그러나 현재에도 특허 조사 기술의 한계와 특허 침해 판단의 어려움 때문에 관심 기술이나 서비스가 특허 침해에 해당하는지는 즉시 알 수 없다. 개발 현장에서 기술을 적용함에 있어 침해에 대한 의구심이 드는 경우, 개발자가 자체로 조사하거나 특허팀에 연락하여 침해 검토를 요청하는 방식으로 대응을 하고 있다. 의구심이 드는 기술에 대한 특허 침해 검토 답변을 받기까지는 짧게는 수일 내에 가능하지만 보통 수주 또는 여러 달이 걸리기도 한다. 이러한 시간 지연은 기술 적용에 대한 의사 판단을 늦추고 개발 일정을 지연시킬 수 있다. 결과적으로 침해 위험이 해소되기까지 본격적인 설계나 후속 작업이 지연되어 전체적인 기술 개발의 속도가 늦춰지는 상황이 발생한다. 침해에 대한 두려움은 산업 전반에 걸쳐 기술 혁신 속도를 저하시켜 결국 기업 및 국가의 경쟁력도 낮아지게 만든다.

그렇다면 현재의 FTO 분석 기술을 발전시켜, 관심 기술, 적용 예정 기술, 개발 중인 제품에 대해 특허 침해 여부를 신속히 판단할 수 있다면 어떨까?

이러한 작업이 가능하다면 의사 판단 시간을 줄여 기술 개발 속도를 비약적으로 향상시킬 수 있다. 즉, 대상물에 대해 FTO 분석을 빠르게 할 수 있다면 기술 개발 속도를 가속화할 수 있다.

최근 AI의 놀라운 발전을 감안할 때, FTO 분석도 AI의 도움을 받을 수 있는 방법을 모색할 수 있다. 만약 AI가 본격적으로 FTO 분석에 투입된다면 정확도와 신속성이 향상되어 개발자의 의구심을 빠르게 해소하고 의사 판단 속도를 높일 것이다. 마치 도서관 책장에 책들이 위치별로 정확히 배치되는 것처럼, 침해 위험이 없는 기술들을 적재적소에 배치할 수 있게 된다. 이는 기술 개발 속도를 가속화하고 공백 기술을 신속히 채워줄 것이다.

IP 리스크가 신속히 해소된다면 개발자뿐만 아니라 경영진도 의사 결정의 속도를 높일 수 있어 기업의 경쟁력 또한 향상될 것이다.

FTO 분석에서 AI가 처리할 수 있는 작업들

FTO 분석은 크게 대상물 특정, 특허 검색, 침해 판단, 대응책 수립으로 이루어져 있다. 이 중에서 AI가 어느 부분까지 처리할 수 있는지 검토해 본다.

AI의 발전 속도가 놀라울 정도로 빠르기 때문에 주로 사람의 개입이 필수적인 부분을 중심으로 설명한다. 먼 훗날 기술의 모든 개발 과정이 AI에 의해 전담된다면 FTO 분석에 더 이상 사람이 관여할 부분은 매우 적어질 것이다.

(1) 대상물 특정

대상물 특정은 AI와 의뢰자가 협력하여 처리해야 하는 부분이다. 대상물의 1차 특정은 FTO 분석의 시작 단계에서 진행되므로, 의뢰인은 FTO 분석의 대상물에 대해 알고 있는 정보를 AI에게 충분히 설명해야 한다.

AI는 강력한 정보 처리 능력과 빠른 속도를 가지고 있으므로 대상물의 분할과 한정은 대부분 필요하지 않을 것으로 보인다. 대상물의 분할과 한정은 검색되는 특허 문헌의 개수를 줄이기 위한 것인데, 현존하는 특허 문헌의 개수를 고려할 때 AI의 처리 능력으로 이를 충분히 커버할 수 있다고 생각된다.[121]

문제는 침해 판단 시에 이루어지는 대상물의 2차 특정이다. 앞서 설명한 바와 같이 대상물의 2차 특정은, 특허 문헌이 검색되고 난 후에 검색된 특허 문헌의 내용과 대상물을 비교하기 위해 진행된다. 따라서 대상물의 1차 특정에서 제공된 내용으로 비교가 충분히 가능하다면 2차 특정이 필요하지 않겠지만, 2차 특정이 필요한 경우에는 AI와 의뢰인 상호 간의 의사 소통이 매우 중요하게 된다.

특히 의뢰인도 대상물의 일부에 대해 잘 모르거나 아직 결정하지 못한 부분이 있을 경우, 이를 어떻게 반영하여 특허 침해 분석을 수행할지가 중요한

---

121 미래에 특허출원 개수가 급격히 증가한다면 대상물의 분할과 한정이 필요할 수도 있겠다. 그럼에도 불구하고 향후 AI의 정보처리 능력과 속도가 더 빠르게 증가할 것으로 예상되므로 대상물의 분할과 한정은 필요하지 않을 것으로 생각된다.

관건이 된다.

(2) 특허 문헌의 검색

특허 문헌의 검색은 대부분 AI가 수행할 수 있는 작업이다. 다만, 다음의 작업들은 의뢰인의 선택이 필요할 수 있다.

(가) 특허 검색식 작성

특허 검색식을 작성하는 단계에서 의뢰인의 선택이 필요할 수 있다. 특히 대상물의 비전용부분에 대해 검색식 내용에 누락이 있을 수 있으므로 의뢰인의 의견을 반영하여 진행해야 하는 경우가 있다.

검색식 작성에 '대상물 분류 체계표' 또는 '기술 분류표'를 이용한다면, 해당표들의 각 항목의 선택도 의뢰인이 결정할 수 있다.

(나) 검색 조건 설정

조사 지역, 검색 기간, 출원인/양수인 한정, 문헌 종류, 문헌 공개/공고 기간 등은 의뢰인이 선택해야 하는 항목이다. 즉, 결과를 보고자 하는 의뢰인이 선택하는 부분이다. 의뢰인이 미리 디폴트로 선정한 결과만 보고자 할 경우에는 특별히 선택할 필요는 없다.

(3) 침해 판단

일반적으로 침해 판단은 국가별 침해 판단 기준을 입력하고 법적 판단에 대한 학습을 통해 AI가 자동으로 수행할 수 있다. 다만 추가 정보가 필요한 간접 침해, 권리 제한 사항 적용 여부는 의뢰인의 검토가 필요하다.

(4) 대응책 수립

회피 설계, 핵심 특허의 매입, 라이선스 등의 대응책은 AI가 보조적인 역할만 할 뿐, 중요한 결정과 판단은 의뢰인과 법률 전문가가 수행하여야 한다.

기술 개발의 초기 단계부터 AI를 이용한 FTO 분석이 이루어진다면 회피 설계나 대체 기술을 빠르게 찾아 침해 위험을 제거할 수 있으므로, 상대적으로 핵심 특허의 매입이나 라이선스 취득을 고려하는 경우는 줄어들 수 있다.

이렇게 되면 기업은 기술 개발 과정에서 발생할 수 있는 법적 리스크를 최소화하면서도 혁신적인 기술을 개발하는 데 더 집중할 수 있게 된다.

결론적으로, AI는 FTO 분석의 거의 모든 영역에서 중요한 역할을 할 수 있으며, AI의 학습 능력과 분석 능력 덕분에 신속한 침해 판단이 가능해진다. 이는 연구 개발 기간과 의사 결정 기간을 단축시켜 기업의 경쟁력을 한층 더 강화할 수 있는 기회를 제공한다.

5.3 FTO 분석에서 AI 활용의 한계

이상으로 FTO 분석에서 AI의 활용에 대해 설명하였지만 FTO 분석의 핵심은 특허 침해 판단이며, 이러한 특허 침해 판단은 결과의 신뢰성이 매우 중요하다.

AI의 판단은 데이터와 알고리즘에 기반하므로, 잘못된 데이터나 편향된 알고리즘에 의존할 경우 잘못된 결론을 도출할 수 있다. 특히 각국의 특허법과 판례가 다르고 지속적으로 변화하고 있어 정확한 판단을 위해서는 꾸준한 업데이트가 필요하다. 향후 AI 기술이 더욱 발전하면 결과의 신뢰성이 개선될 수 있겠지만 현재로서는 부족한 점이 존재한다.

특히 AI가 내린 법적 판단의 경우 책임의 소재가 불분명하다. 만약 AI의 법적 판단이 미흡하여 특허 침해 소송에 휘말리게 된다면, 그 책임이 AI 개발자에게 있는지, 사용자에게 있는지 명확하지 않다.

따라서 AI의 기술 발전이 더 고도화되거나 법적 책임 소재가 명확해지기 전까지는 법률 전문가의 검토가 필수적이라 생각된다. 그러나 이러한 제약에도 불구하고, AI의 활용은 FTO 분석의 속도를 비약적으로 향상시켜 사회 전체의 기술 개발의 속도도 높일 것이다.

강명수, "특허침해죄와 고의 입증", 법학연구 55, no.3 (2014).

권인희, "특허분쟁에서의 신의성실원칙의 적용 – 출원경과 금반언의 원칙을 중심으로 –", 홍익법학 17, no.1 (2016).

김관식, "특허권의 문언침해와 자유실시기술 항변의 허부", 사법 1, no.41, 2017.

김현호, "조약우선권제도", IP Column 지식재산강의 Volume 33 Issue 9, 한국발명진흥회, 2008.

손경한 and 박진아, "특허발명의 실시개념에 관한 신고찰", 법조 54, no.6 (2005).

손창호, "특허침해에 있어서의 이용발명에 관한 연구", 충남대학교 석사학위논문, 2003년 8월.

송재섭, "표준특허에 근거한 권리행사의 한계 – 침해금지청구권과 손해배상청구권을 중심으로 –", 저스티스 140, 2014.

윤선희 외, "지재권분쟁대응 어렵지 않아요", 특허청 산업재산보호지원과, 한국지식재산보호협회 예방전략팀, 2013.11.

이민주, 성락규, "바이오기술 개발 및 상업화시 꼭 필요한 특허 침해 분석(FTO)", 한국바이오협회 한국바이오경제연구센터, 2021.8.

이승헌, "미국특허간접침해와 그 대응방안", 리걸타임즈, 2018.10.10, 2024년 11월 2일 검색, https://www.legaltimes.co.kr/news/articleView.html?idxno=42566

이창훈 외 3인, "국제특허분쟁대응 표준 Manual", 과학기술정보통신부 및 한국전자정보통신산업진흥회, 2018.

정차호, "권리범위확인심판 및 침해소송에서의 공지기술의 항변 및 자유실시기술의 항변", 성균관법학 27, no.3, 2015.

Karl T. Ulrich & Steven D. Eppinger, "제품 개발 프로세스 6th Edition", 홍유석, 강창묵, 곽민정 역, McGraw Hill Education(2017).

WIPO, "IP and Business: Launching a New Product: freedom to operate", WIPO Magazine, Issue 5/2005, 2005 September, 2024년 11월 2일 검색. https://www.wipo.int/wipo_magazine/en/2005/05/article_0006.html

FTO 분석
–IP 리스크 방지를 위한 핵심 전략

초판발행   2025년 2월 20일

지은이   안주현
펴낸이   안종만·안상준

편 집   박정은
기획/마케팅   정성혁
표지디자인   BEN STORY
제 작   고철민·김원표

펴낸곳   (주) **박영사**
                    서울특별시 금천구 가산디지털2로 53, 210호(가산동, 한라시그마밸리)
                    등록 1959. 3. 11. 제300–1959–1호(倫)

전 화   02)733–6771
f a x   02)736–4818
e-mail   pys@pybook.co.kr
homepage   www.pybook.co.kr
ISBN   979–11–303–4912–1   93360

정 가   22,000원